Günter Duffrer

Gottes Sohn – heute noch Mensch

reihe engagement

Günter Duffrer

Gottes Sohn – heute noch Mensch

Kleine Christologie zum Gottesdienst

Verlag Butzon & Bercker Kevelaer

»verlagsgruppe engagement«: Butzon & Bercker Kevelaer · Don Bosco München · Echter Würzburg · Verlag Katholisches Bibelwerk Stuttgart · Lahn-Verlag Limburg · Pfeiffer München · F. Pustet Regensburg · Styria Graz, Wien, Köln · Tyrolia Innsbruck, Wien, München.

CIP-Kurztitelaufnahme der Deutschen Bibliothek

Duffrer, Günter:
Gottes Sohn, heute noch Mensch: kleine Christologie zum Gottesdienst / Günter Duffrer. – Kevelaer: Butzon und Bercker, 1980.
(Reihe Engagement)
ISBN 3-7666-9136-8

ISBN 3 7666 9136 8

Mit kirchlicher Druckerlaubnis. Nr. 305–6–15/80.
Münster, den 22. 7. 1980. Dr. Spital, Generalvikar.
Umschlaggestaltung: Monika Plenk.
Herstellung:
Bercker Graphischer Betrieb GmbH Kevelaer.

Inhalt

Statt Vorwort: Ein Brief 9

I. „Es war einmal ...“

1. Eine alte Geschichte? 11
2. Ein anspruchsloser Mensch 14
3. Ein anspruchsvoller Mensch 17
4. Ein Wundertäter 20

Und was sagst du dazu? 23

II. Der „Lebenstod“

5. Er lebt, um zu sterben 29
6. Er stirbt, um zu leben 32
7. Er verwandelt den Tod 37
8. Er bleibt immer bei uns 40

Und was sagst du dazu? 45

III. Das ewige Leben

9. Ich bin wieder bei euch 50
   a) Die Emmaus-Jünger (Lk 24, 13–35) 50
   b) Maria Magdalena (Joh 20, 11–18) 56
   c) Der ungläubige Thomas (Joh 20, 24–29) 59

10. Ihr seid bei mir 60
11. Wir gehören zueinander 65
12. In geheimnisvollen Zeichen 71

Und was sagst du dazu? 74

IV. Das Mysterium des Gottesdienstes

13. Gründonnerstag 78
14. Ein offenes Geheimnis 83
15. Einfach, aber nicht primitiv 88
16. Kann man das glauben? 91

Und was sagst du dazu? 94

V. Das Mysterium der Zeichen

17. Christus in der Gemeinde 102
a) Gemeinschaft im Heiligen Geist 102
b) An die Gemeinde glauben! 110
18. Christus im Wort 112
a) Das Wort von Mensch zu Mensch 112
b) Die Kraft des Wortes 114
c) Das „Wandlungswort" 116
d) Ehrfurcht vor dem Wort im Gottesdienst 119
e) Der Wort-Gottes-Dienst 121
19. Christus in Brot und Wein 124
a) Sende deinen Geist auf diese Gaben herab 124
b) Christus, unsere Speise 130
20. Christus im Tabernakel
und in der Monstranz 137
a) Wo ist Jesus Christus jetzt? 137
b) Anbetung der Brotsgestalt 141

Und was sagst du dazu? 146

VI. Offen für die Welt

21. Der Stein, der ins Wasser fällt und seine Kreise zieht 156
22. Kann der Christ ein Christus sein? 159
23. Der Geist erfüllt das All 164
24. So bleibt Gott Mensch 168

Und was sagst du dazu? 172

Schlußwort: „Wenn ihr alles getan habt . . .“ 181

Statt Vorwort: Ein Brief

Ein Brief an den Leser, an dich!
Bitte, gestatte mir das „du", es hängt mit dem Thema dieses Buches zusammen – ich schreibe das „du" klein, weil es kein Brief an einen Einzelnen, kein Brief an einen persönlichen Freund ist. Es geht einfach an „dich", der mit mir nachdenken will über das große „Du", oder sagen wir besser: den großen DU! Darum meine ich, sollten wir uns auch im Innern des Buches von Zeit zu Zeit ansprechen, Rückfrage und Zwiesprache halten.
Ich will versuchen, dir etwas „plausibel" zu machen, was man auf vielerlei Weise tun kann. Große Theologen haben das getan, aber auch der Pfarrer von Ars – und der war kein Theologe! Sicher auch die Mutter Teresa auf ihre Weise und Maximilian Kolbe auf seine Art.
Man muß nämlich wissen (und darum ist mir das „du" so wichtig), daß Gott uns „duzt". Ich weiß, das hört sich nicht gut an, wenn man das so schreibt, man muß es natürlich etwas anders ausdrücken. Denn Gott tut das ja nicht so „von oben herab" in dem Sinn: „du kleines Menschlein, du!" Vielleicht würde es einem Wesen, das man „Gott" nennt, zustehen, so zu reden, aber unser Gott tut so etwas nicht. Es stünde ihm zwar zu, aber es steht ihm nicht! Unser Gott behandelt uns nicht „von oben herab". Ich möchte lieber sagen: er steht mit uns auf „du und du". Er selbst wird ein „du", er selbst wird ein Mensch. Noch habe ich nichts Neues verraten, das kann ich auch nicht. Ich werde dir überhaupt nichts Neues bieten können. Vielleicht ist das Buch überflüssig. Es wäre aber dann nicht überflüssig, wenn du zum Schluß mit mir der Meinung bist: Gott ist in Jesus Mensch geworden und Mensch geblieben. Darauf

kommt es an, wenn wir nach dem Sinn unseres Lebens suchen.
Du kannst schon in diesem Einleitungsbrief mit mir darüber nachdenken: Man könnte sich fragen: Warum wird Gott ein Mensch? Vielleicht weil er sich „verändern" will, sozusagen den Beruf wechseln. Vorher war er Gott, jetzt ist er ein Mensch. Eine etwas absurde Idee! Wer denkt schon so etwas? Denn dann gäbe es ja keinen Gott mehr. Aber vielleicht war es anders: Gott will einmal das Leben des Menschen kennenlernen. Nicht nur im Sinn göttlicher Allwissenheit, sondern er will einfach mal selbst Mensch sein. In welcher Form, mit welchem Anfang und mit welchem Ende wollen wir hier noch nicht zur Debatte stellen. Jedenfalls: so könnte es doch sein. Und man könnte sich vorstellen: Wenn er lange genug Mensch war, zieht er sich wieder in seine „göttliche Seligkeit" zurück. Aber auch das bliebe eine recht unbefriedigende Theorie.
Jedoch viele werden so denken – oder überhaupt nicht darüber nachdenken. Schade! Ich bin überzeugt, für Jesus war es entscheidend, den Menschen klarzumachen, daß er immer bei uns bleibt, daß Gott nicht nur ewig Gott bleibt, sondern daß Gott seit der Menschwerdung immer Mensch bleibt. Damit wäre uns Gott so nahe, wie ein Mensch uns nahe sein kann.
Ich wünsche dir, lieber Leser, daß du zum Schluß meiner Überzeugung etwas näher gekommen bist: Gott bleibt Mensch.

I. „Es war einmal..."

1. Eine alte Geschichte?

Gibt es eine Geschichte vom lieben Gott? Eigentlich ja. Denn die Bibel ist doch Gottes Geschichte. Man spricht von der biblischen Geschichte und erinnert sich vielleicht an ein Buch mit vielen interessanten Erzählungen – Geschichten. Sind das Erzählungen aus dem Leben Gottes? Ist das eine Biographie Gottes? Kann es überhaupt eine göttliche Biographie geben? Gott selbst hat keine „Lebensgeschichte", weil er nicht angefangen hat zu leben und weil er nicht aufhört zu leben. Das können wir uns nicht vorstellen. Bei uns fängt alles einmal an und hört alles wieder auf. Ich brauche mir nur irgendeinen Menschen vorzustellen, den ich kenne, den ich schätze, den ich liebe. Ich weiß, daß wir uns eines Tages voneinander trennen müssen. Entweder wird er früher heimgerufen als ich oder ich muß früher sterben als er. Es geht alles vorüber – die Zeit fließt. Wir merken es nicht jeden Tag, wir wollen es auch nicht wahr haben. Ein Stückchen Zeit können wir ja auch tatsächlich festhalten. Aber jeder von uns muß zugeben, daß er immer häufiger sagen kann: „Es war einmal ..." So reihen sich die Geschichten aneinander, und aus den vielen Geschichten entsteht die große Geschichte, die Geschichte der Menschen. Menschen, die reden können von vergangenen Zeiten, die träumen können von der Zukunft und die ehrlich zugeben müssen, daß sie es nicht fertigbringen, die Gegenwart festzuhalten.

Ob es gut ist, daß man das weiß? Der Stein, der verwittert, die Pflanze, die welkt, und das Tier, das verendet, weiß es nicht. Sind sie deshalb glücklicher? Glücklich oder unglücklich sein kann nur der Mensch. Man muß sich eigentlich wundern, daß man mit so einem kurzen Stück Leben glücklich sein kann. Ja, wenn man ewig leben könnte! Aber das wäre wahrscheinlich auch keine Lösung. Als Kind hat man sich den Himmel ja so vorgestellt: ewiges Leben! Geht es nachher weiter, das Leben? Schöner, mit der Erfüllung aller Wünsche? Ob es das wirklich gibt? Und wenn es das gibt – wer von uns möchte schon ewig leben? Fängt man an, darüber nachzudenken, verschwimmt alles in einer unwirklichen Zukunft. Denn selbst wenn man eine Million Jahre lang glücklich wäre, darf man mit Recht bezweifeln, ob man dann noch Lust hätte, mit einer zweiten Million anzufangen. Das Wort „Lange-Weile" erhält dann seinen wahren Sinn. Je länger die Weile, um so mehr „Lange-Weile". Wenn es einen Gott gibt und wenn dieser Gott lebt, dann muß sein Leben anders sein, es muß sozusagen eine andere Struktur haben als unser Leben. „Es war einmal" – das dürfte es für ihn nicht geben. „Es wird einmal sein" – auch das dürfte er nicht kennen.

Nicht so wie bei uns, wo alles nur Zukunft oder Vergangenheit ist, denn Gegenwart ist – ehrlich gesagt – nur ein Zeit-punkt. Gottes Ewigkeit kann aber nicht unendlich verlängerte Zeit sein, nicht aus ungezählten Zeitpunkten bestehen. Das müßte in der Tat langweilig sein, das müßte sogar einem Gott langweilig werden.

Das Leben Gottes ist anders: es kennt keine Zukunft und keine Vergangenheit. Es kennt nur die Gegenwart. Alles Leben, was uns Tag für Tag zerfließt, hat er sozusagen „jeder-zeit", in jedem Zeitpunkt griffbereit. Alles ist für ihn gleich-zeitig da. Er selbst hat keine Geschichte. Von ihm kann man nicht sagen, er war einmal oder er wird einmal kommen. Von ihm muß man sagen: Er ist immer da.

Wie kommt es nur, daß wir uns dann immer noch fragen: Wo ist Gott? Was nützt es uns, darüber nachzudenken und zu philosophieren, daß er anders lebt als wir? Dann

ist er doch ein großer Egoist und läßt uns Menschen immer wieder mit der Zeit vergehen. Es scheint wirklich so zu sein, daß die eine gottverlassene Zeit die andere jagt.
Wer ist daran schuld? Wenn Gott so wäre wie wir, wäre er längst vergangen, gehörte auch er längst der Vergangenheit an. Gott ist nicht schuld daran, daß die Welt immer wieder gottverlassen und gottverloren und gottlos ist. Die biblische Geschichte berichtet von den Angeboten Gottes an „sein Volk". Wörtlich heißt es in der Bibel: „Viele Male und auf vielerlei Weise hat Gott einst zu den Vätern gesprochen durch die Propheten; in dieser Endzeit aber hat er zu uns gesprochen durch den Sohn" (Hebr 1, 1–2a).

Tatsächlich, nur so kann die Welt Gott finden, nur so kann die Zeit der Gottverlassenheit aufhören. Gott selbst muß es den Menschen sagen, daß er so ganz anders ist. Allein, von sich aus kann das der Mensch nicht begreifen. Weil wir so anders sind, so ganz anders als Gott, ist er für uns unbegreiflich. Wir können ihn im wahrsten Sinn des Wortes nicht fassen. Wir stehen fassungslos vor ihm. Man kann ihn nicht entdecken, nicht finden und nicht erfinden. Die Schönheit der Natur mag uns manchmal einen Weg zu Gott, dem Schöpfer, zeigen, aber kann ein und derselbe Gott die schönen Dinge machen und zuschauen, wie schrecklich es auf dieser Welt zugeht?
Dieses unüberwindliche Problem, unser vergängliches Leben in Verbindung zu bringen mit dem unvergänglichen Gott, konnte nur dadurch gelöst werden, daß dieser Gott selbst einen Kontakt herstellte, den kein Mensch hätte erfinden können. Es hat zu allen Zeiten Menschen gegeben, die nach Gott gesucht haben, die gespürt haben, daß es einen Weg geben muß. Es hat auch Menschen gegeben, die im Auftrag Gottes gesprochen haben, wie uns

die Bibel berichtet. Aber es könnte eigentlich keinen Menschen geben, der uns hätte sagen können, wie Gott wirklich ist, weil es über jedes menschliche Begreifen hinausgeht. Darum hat Gott etwas getan, das sich ein Mensch nie hätte ausdenken können. Er selbst ist Mensch geworden. Das sagt man so selbstverständlich dahin, weil wir es schon tausendmal gesagt und gelesen haben. Es ist sozusagen eine „alte Geschichte". Es gab einmal einen Zeitpunkt, an dem Gott „Geschichte" geworden ist. Was eigentlich nicht möglich ist, hat er möglich gemacht. Nur er konnte es. Der Zeitlose kommt in die Zeit. Er unterwirft sich der Zeit, er bedient sich jetzt nicht mehr einiger Menschen, die einen prophetischen Auftrag haben, wie wir das in der Bibel nachlesen können, sondern er macht das Unmögliche möglich. Was wir nicht in Einklang bringen können, hat er zusammengefügt. Gott bleibt unbegrenzt, und zugleich grenzt er sich ein auf Raum und Zeit. Er wird ein Menschenkind mit dem Namen Jesus.

2. Ein anspruchsloser Mensch

Gott wird Mensch. Ein Abgrund wird überbrückt, der zeitlose Gott zwängt sich in Zeit und Raum. Das ist so ganz anders, als wir es uns vorstellen können. Man hat den Eindruck, Gott fällt von einem Extrem ins andere. Zuerst ist er der Unerreichbare, der ganz Andere, und dann kommt er – wie uns Christen die Bibel erzählt – in einem verlassenen Dorf irgendwo in Asien zur Welt. Man möchte eigentlich protestieren. Wenn Gott sich schon entschließt, auf dieser Erde zu erscheinen, warum dann nicht so, daß jedermann gleich weiß, woran er ist! Jedes kleine Kind in der Schule weiß, daß Gott der Allmächtige ist, und es stellt sich darunter vor den Alleskönner und den Allesmacher. Gott ist einer, der alles kann. Mit dieser Vorstellung wird man groß. Und dann wundert man sich, daß er offensichtlich doch nicht alles kann, denn wenn er alles könnte, würde er den Krieg in Frieden verwandeln. Er würde den hungernden Kindern den Magen füllen und würde den unzähligen seelisch Verunglückten soviel göttliche Freude und Seligkeit geben, daß keiner mehr sein Glück in der Droge zu suchen braucht. So einer müßte er sein, wenn er doch alles kann. Und wenn er jetzt Mensch wird, was für ein Mensch müßte er dann sein? Ein überdimensionaler Mensch, ein Superman.

Solche Ideen gibt es ja heute wieder, daß ein Himmlischer, ein Göttlicher auf die Welt kommt. Die Phantasie kennt keine Grenzen, und trickreich wird er gezeigt, der Wundermann im Film. Der Erwachsene bewundert den Trick lächelnd, schmunzelnd oder ironisch resigniert und wendet sich der nüchternen Wirklichkeit wieder zu. Ein Kind aber (so konnte man es in den Zeitungen lesen) geht nach Hause, klettert bis ins oberste Stockwerk, breitet die Arme aus und ruft: Ich bin der Supermann, ich kann fliegen. Es hatte den Trick nicht durchschaut, es hat einfach geglaubt und mußte mit dem Tod bezahlen.

Eins ist sicher: falsche Vorstellungen von einer Gottesankunft hat das Kind von Betlehem nicht erweckt. Der Stern von Betlehem und das überirdische Licht an der Krippe ist zwar kein Märchen, aber entdeckt wurde das alles erst viel später von denen, die nach und nach gemerkt haben, daß dieser Gott keine Tricks braucht, sondern ein Mensch ist wie jeder andere, zur Welt kommt wie jeder andere.

Später haben sie es gewußt, die uns diese Geschichte aufgeschrieben haben, was „dahinter" gesteckt hat, und da hat sie keiner mehr aufhalten können, die nüchterne Wirklichkeit von damals mit dem Glanz und der Freude auszuschmücken, die ihnen der großgewordene Christus geschenkt hat. Darum sollten wir „Aufgeklärten" einer modernen Theologie uns auch nicht scheuen, den Stern von Betlehem über der Krippe aufgehen zu lassen und die Heerscharen der Engel singen zu lassen, denn wir gehören ja längst zu denen, die wissen, daß dieses Kind tatsächlich Gott war.

So war er also angekommen, zur Welt gekommen, der ersehnte Gott. Warum so anspruchslos? Warum so tief hinuntergestiegen in die ärmsten Schichten des Volkes? Warum nicht wenigstens unter normalen Verhältnissen geboren in einer bürgerlich gut situierten Familie? Wenn schon nicht als strahlender Herold vom Himmel gefallen, dann wenigstens so, daß er Aussicht hat auf Karriere in dieser Welt, daß er anerkannt wird, denn wenn Gott schon den auch für uns noch immer unglaublichen Entschluß faßt, ein Mensch zu werden, muß er sich das Leben doch nicht unnötig schwer machen, sich von vorneherein alle Chancen verbauen.

Er hat sich tatsächlich das Leben nicht leicht gemacht. Er wollte zu denen gehören, die es schwer haben auf dieser Welt. Er wollte einen Menschenweg gehen von Anfang bis Ende, von der Geburt bis zum Tod. Er wollte ganz Mensch sein ohne Sondervergünstigungen. Die Bibel sagt, daß es für ihn sozusagen kein „Pardon" gab. Dort heißt es zwar anders, aber gemeint ist dasselbe: „Nicht mein, sondern dein Wille soll geschehen", schrie Jesus später vor seinem Tod zu Gott hinauf (Lk 22, 42).

Und als er das Gleichnis vom treuen und schlechten Knecht erzählt, mag er gewiß auch an sich gedacht haben, wenn es dort heißt: „Der Knecht, der den Willen seines Herrn kennt, sich aber nicht darum kümmert und nicht danach handelt, der wird viele Schläge bekommen" (Lk 12, 47).

3. Ein anspruchsvoller Mensch

Anspruchslos und anspruchsvoll – wie reimt sich das zusammen? Man muß sich immer wieder fragen, welchen Grund Gott eigentlich hatte, um ein Mensch zu werden. Daß es für ihn ein unvorstellbarer Sprung war, von der göttlichen Höhe und Andersartigkeit sozusagen ins Nichts hinein, haben wir schon überlegt. Paulus hat das in einer Deutlichkeit ausgesprochen, die man eigentlich nur empfindet, wenn man diese Worte in der griechischen Ursprache liest: „Christus Jesus war Gott gleich, hielt aber nicht daran fest, wie Gott zu sein, sondern er entäußerte sich und wurde wie ein Sklave und den Menschen gleich. Sein Leben war das eines Menschen; er erniedrigte sich und war gehorsam bis zum Tod, bis zum Tod am Kreuz" (Phil 2, 6–8).

So wird die Anspruchslosigkeit, die wir im vergangenen Kapitel als menschliche Einfachheit und Armut gesehen haben, noch tiefer begründet. Dieser Jesus, der Gott gleich ist (man könnte, weil das in der Ursprache so gemeint ist, ein mathematisches Gleichheitszeichen setzen: Jesus = Gott), dieser Jesus wollte genau so, wie er gleich Gott ist, den Menschen gleich sein (auch hier wäre ein mathematisches Gleichheitszeichen angebracht: Jesus = Mensch). Weil Gott sich aber selbst nicht aufgeben kann, können wir nur ahnen, was es für Jesus bedeutet hat, die Grenzenlosigkeit von Zeit und Raum, von Leben und Glück und Freude aufzugeben, in der Gottes Leben sich ja wohl abspielt – für uns unvorstellbar. Erst recht unvorstellbar, daß er diese Weise zu leben aufgibt und sich hineinstürzt (erniedrigt, sagt Paulus) in die Enge und Bindung menschlicher Lebensweise.

Warum hat Gott das getan? Er wollte doch nicht sozusagen einen Ausflug machen in das menschliche Leben, um sich später von diesem Abenteuer wieder zurückzuziehen. Wir werden nachher deutlich und entscheidend feststellen, daß er sich nicht zurückgezogen hat. Was war der eigentliche Grund? Sagen wir einmal: Gott will den Menschen glücklich machen. Er will ihn nicht zu Gott machen, dann wäre er kein Mensch mehr. Aber er will, daß dieser Mensch, der ja sein Geschöpf ist, etwas spürt und erfährt von der Größe Gottes, von Gottes Glück und besonders von Gottes Liebe zu ihm. Doch wie sollte Gott selbst dem Menschen davon etwas mitteilen, wie sollte er sich ausdrücken?

Er konnte es nicht besser tun als so, wie es der Mensch am besten versteht. Gott hat sich menschlich ausgedrückt, „Gott gibt sich menschlich". Nichts versteht ein Mensch besser als Menschlichkeit. Und so wird Gott mit der Menschwerdung ein menschlicher Mensch. Alles, was er spricht und tut, ist menschlich. Aber dieser Mensch Jesus ist zugleich Gott, denn er hat sein Gottsein ja nicht aufgegeben, weil Gott – man muß es immer wieder sagen – sich selbst nicht aufgeben kann. Und so läßt dieser Gottmensch sein Gottsein sozusagen hineinfließen in sein menschliches Sprechen und Tun. Wer mit Jesus spricht, spricht mit Gott. Wer Jesus hört, hört Gott. Was Jesus tut, ist Gottes Tat. So entsteht das Unglaubliche: Gott kommt menschlich auf uns zu. Darum kann dieser Jesus völlig anspruchslos sein und zugleich so anspruchsvoll, daß die Menschen um ihn herum ihn bestenfalls für einen Träumer halten.

Da warnt er einmal einen Mann, der ihm folgen will, vor den Konsequenzen mit den Worten: „Die Füchse haben ihre Höhlen und die Vögel ihre Nester; der Menschensohn aber hat keinen Ort, wo er sein Haupt hinlegen kann." Einen anderen fordert er direkt auf, ihm nachzufolgen. Als der aber zögert und eine sehr einleuchtende Erklärung gibt, nämlich sein Vater sei gestorben und er müsse ihn vorher begraben, erhält er von Jesus zur Antwort: „Laß die Toten ihre Toten begraben; du aber geh und verkünde das Reich Gottes!" (vgl. Lk 9, 57–60).

Das Reich Gottes – ja das ist das große Thema. Mitten in der Welt lebt Gott. Und er lebt so mittendrin, daß er es als Mensch tut. So wird verhindert, daß Gott und Mensch nebeneinander herleben. So soll der Tag kommen, daß Gott und Mensch zueinander finden, sich miteinander verbinden, so sehr, daß sie sich nie wieder auseinanderleben können. Darauf will er hinaus, dieser Rabbi, dieser eine Wanderprediger von vielen anderen. Das ist sein großes Thema, das Reich Gottes auf dieser Welt. Man muß ihm zuhören, obwohl man sich immer wieder über ihn ärgert. Das kann doch nicht wahr sein, und doch ... wenn es wahr wäre! „Ich bin das Licht der Welt. Ich bin der Weg, die Wahrheit und das Leben." Das scheint nicht mehr nur anspruchsvoll, das klingt anmaßend. Aber er muß es ja sagen, denn es sind göttliche Wahrheiten, die er als Mensch aussprechen muß. Viele sind weggelaufen, wenige sind geblieben. Geblieben sind diejenigen, die diesem Menschen vertraut haben. Er war ja anders als die Schriftgelehrten und Pharisäer. Die sprachen nur mit dem kühlen Verstand. Er aber sprach mit dem Herzen. Wer da genau zuhörte, der hat vielleicht nicht „verstanden", was Jesus meinte, doch er hat etwas davon „begriffen". Er konnte etwas greifen, was die anderen Gelehrten nicht weitergeben konnten.

Darum kann er von sich sagen: „Die Worte, die ich zu euch gesprochen habe, sind Geist und sind Leben" (Joh 6, 63).

Er sprach anders als die Schriftgelehrten. Wer das wollte, konnte es hören. „Wer Ohren hat, der höre!" (Mt 11, 15).

Sicher war ein solcher Anspruch für seine Jünger manchmal schwer. „Mein Fleisch ist wirklich eine Speise, und mein Blut ist wirklich ein Trank" (Joh 6, 55). Das waren harte Worte. Selbst seine Jünger waren dieser Meinung. Es war sicher für Jesus auch nicht einfach, eines Tages etwas anklingen zu lassen von dieser unerhörten Vereinigung, die Gott mit den Menschen eingehen wollte. Wer sollte das auch begreifen! So nahe bei Gott sein, wie Essen und Trinken sich mit dem Menschen verbinden. Sie wissen ja noch nicht, wie teuer der Preis sein wird, den Jesus dafür bezahlt, damit die Menschen Gott so nahe sein können. Jetzt geht es darum, ihm zu glauben und ihm zu vertrauen. Jesus darf aber nicht zurückstecken. Er muß dieses große göttliche „Experiment" zu Ende führen. Er muß auch weiterhin menschliche Worte gebrauchen, um die unwahrscheinlichsten Dinge auszusprechen, denn das war sein Auftrag, in der Anspruchslosigkeit eines einfachen Menschen das menschliche Wort so anspruchsvoll zu machen, daß sich darin Gott selbst aus-sprechen konnte.

4. Ein Wundertäter

Hatte Jesus es notwendig, Wunder zu wirken, um zu zeigen, daß er Gott ist? Wollte er überhaupt zeigen, daß er Gott ist? Sozusagen als letzte Rettung: Ich bin ja eigentlich kein Mensch, sondern Gott, das werde ich euch jetzt beweisen. Es gibt ja viele Auffassungen über die Wunder Jesu. Wahrscheinlich halten die meisten Menschen, vor allem auch die gläubigen Menschen, die Wunder Jesu für eine Art Vorführung und Beweisführung, daß er eben doch mehr kann als ein gewöhnlicher Sterblicher. Wenn Jesus nur ein einziges Wunder aus diesem Grund gewirkt hätte, wäre er seiner Sendung untreu geworden. Er hätte es ja noch am Kreuz tun können; dort rufen sie ihm ja zu: „Wenn du Gottes Sohn bist, hilf dir selbst, und steig herab vom Kreuz!" (Mt 27, 40b).
Jesus war nicht angewiesen auf spektakuläre Vorführungen. Eine Show braucht er nicht. So können wir unbesorgt die Wundergeschichten entgegennehmen. Sie sind nicht geschrieben, um seine göttliche Qualität heraus-

zustellen. Die Evangelisten verraten uns ohnehin mehr als den exakten Situationsbericht einer historischen Begebenheit. Sie beleuchten statt dessen mit ihrer Erzählung einen Hintergrund, der für uns sonst unsichtbar geblieben wäre. Am stärksten spüren wir den Hintergrund der Taten Jesu im Johannes-Evangelium. Dort heißt es immer, Jesu Wunder seien keine „Mirakel", sondern er habe Zeichen, Signale gesetzt. Signale, Zeichen für das größere Wunder, das mit dem, was Jesus getan hat, nur angedeutet werden konnte. Wer bereit war zu sehen, konnte das Signal erkennen.

Wenn Jesus Wunder gewirkt hat, dann waren dies menschliche Handlungen, gewiß oft außerordentliche. Aber niemals sind sie auf Effekt angelegt. Christus läßt kein Feuer vom Himmel fallen, als seine Jünger einmal ausdrücklich diesen Wunsch aussprechen (vgl. Lk 9, 54).

Es gibt ein Beispiel aus den Wundererzählungen, aus denen man erkennen kann, was die Wundererzählungen in der Heiligen Schrift sagen wollen, *uns* sagen wollen. Das war bei jenem Mann, den Gicht und Rheuma so plagten, daß er nicht mehr gehen konnte. Sie mußten im Trubel der Menschenmenge das flache Dach abdecken, um ihn direkt vor die Füße Jesu zu plazieren. Jesus sieht den bedauernswerten Menschen, er sieht ihn so, wie alle ihn sehen. Wie leicht hätte Jesus es hier gehabt, das Wunderwort zu sagen, auf das alle warteten. Im Markus-Evangelium heißt es aber, daß die Menschen, die den Kranken zu Jesus brachten, an Jesus glaubten. Das war mehr als die Sucht nach Sensation. Diese Menschen waren mit ihrem Glauben reif für das eigentliche Wunder. Nur ahnten sie nicht, daß Glaube den Weg frei macht, mit Hilfe des „Signals" das tieferliegende Wunder zu begreifen. Und so kommt die Überraschung. Jesus wirkt tatsächlich das größere, das unerwartete, das unsichtbare Wunder. Völlig unvermutet und unerwartet spricht er:

„Mein Sohn, deine Sünden sind dir vergeben!" Menschliche Worte, unerhörte, anspruchsvolle Worte, aber doch nichts anderes als dieser schlichte Satz. Ganz folgerichtig und logisch reagierten die dabeisitzenden Schriftgelehrten. Sie denken: So etwas kann kein Mensch sagen, so etwas darf kein Mensch sagen. „Wer kann Sünden vergeben außer dem einen Gott?" Sie hatten sich auf ein Schauspiel eingestellt, auf eine Sensation, die raketenhaft aufsteigt und wieder zerplatzt. Statt dessen hören sie das Wort: „Ihr sollt aber erkennen, daß der Menschensohn die Vollmacht hat, hier auf der Erde Sünden zu vergeben." Dann erst sagt er zu dem Gelähmten: „Ich sage dir: Steh auf, nimm deine Tragbahre, und geh nach Hause!" (vgl. Mk 2, 1–12).
Noch außerordentlicher ist das Signal einer Totenerweckung. Wenn berichtet wird, daß Jesus den Lazarus auferweckt hat, der schon drei Tage im Grab lag, dann leuchtet eben in dieser Auferweckung die Kraft Gottes auf, denn wer kann Tote erwecken als nur Gott allein. Aber selbst bei dem wiedererweckten Lazarus konnte man nicht sehen, was das eigentliche Wunder war. Auch diese Auferweckung war nur ein Signal für die Auferstehung von den Toten, die zum ewigen Leben führt. Lazarus ist wieder gestorben. Seine Auferweckung war auch nur ein Zeichen für das neue unvergängliche Leben, das dieser Jesus Christus auf die Welt bringen will, wenn er durch seinen eigenen Tod den Tod vernichten wird.
So hat der Mensch Jesus seine Zeitgenossen vorbereitet auf den Glauben an den in ihm verborgenen Gott. Wer an ihn glaubte, wer ihm vertraute, der begegnete zwar dem Menschen Jesus, aber der Glaube der Menschen war für Jesus wie ein Funke, der übersprang und sozusagen sein göttliches Wirken in Bewegung setzte. So wie bei jener Frau, die mitten im Menschengewühl geheilt wurde.
Jesus sah sich um und fragte seine Jünger, wer ihn angerührt habe. Eine fast komische Situation. Seine Jünger

können nur den Kopf schütteln und sagen: Bei dem Gewimmel fragst du, wer dich angerührt hat? Doch, antwortet Jesus, es ist eine Kraft von mir ausgegangen (vgl. Mk 5, 24–34). Es war die Kraft, die sich in Bewegung setzte, weil eine Frau gläubig vertraut hat, daß sie geheilt wird.
Das war Jesus von Nazaret. War er es, oder ist er es? Er ist der Gott, der Mensch geworden ist damals in Betlehem. Er ist der Gott, der als Mensch gelebt hat damals in Palästina. Es ist der Gott, der Mensch geblieben ist bis heute.

Und was sagst du dazu?

Autor:
Wahrscheinlich fragst du ziemlich ratlos: Wer ist Jesus nun eigentlich wirklich? Ist er Gott, oder ist er Mensch? Aber beides zusammen? Gottmensch!? –
Der Holländische Katechismus hat vor Jahren das Wort umgedreht und nicht Gottmensch gesagt, sondern Menschgott.

Leser:
Sind das nicht sehr riskante Wortspiele auf einer so hohen Ebene?

Autor:
Mag sein, daß dies auf den ersten Blick schockiert. Aber es wird doch auch etwas verdeutlicht, wenn ich mir vom Wortsinn her den Unterschied betrachte: Gottmensch oder Menschgott. Nach den Regeln der deutschen Sprache ist immer die zweite Silbe die eigentliche Aussage. Eine Haustür ist eine Tür und kein Haus. Und ein Automechaniker ist ein Mechaniker und kein Auto. Ein „Türhaus" wäre ein Haus, das nur aus Türen besteht. Je-

sus als „Menschgott" zu bezeichnen bedeutet also vor allem, daß er Gott ist. Allerdings das Spezielle, der besondere Akzent bei solchen zusammengesetzten Wörtern, liegt in der ersten Silbe. Das Spezielle, das Besondere an ihm besteht also darin, daß er sein göttliches Wirken als Mensch den Menschen begreiflich macht. Alles, was er als Mensch tut, ist zugleich das Wirken Gottes.

Leser:
Ich versuche dir zu folgen. Aber es ist doch naheliegend, bei Jesus an eine Art Vermischung zu denken in dem Sinn: Was er als Gottmensch (oder meinetwegen als Menschgott) tut, das ist weder göttlich noch menschlich, sondern sozusagen von jedem etwas.

Autor:
Vielleicht hilft es dir, wenn ich dich erinnere, daß die Menschen, die Tag für Tag mit ihm zusammen waren, seine Jünger – wie wir sie nennen –, auch nach längerer Bekanntschaft mit ihm noch immer ratlos waren. Das wird im Johannes-Evangelium erzählt, in den sogenannten Abschiedsreden, als sie miteinander sprachen, bevor er sich auf den Leidensweg machte. Jesus spricht wieder von Gott, seinem Vater, und man sollte meinen, daß nach so langem Beisammensein den Jüngern wenigstens etwas von dem Geheimnis Jesu aufgegangen war. Jesus sagt: „Wenn ihr mich erkannt habt, werdet ihr auch meinen Vater erkennen. Schon jetzt kennt ihr ihn und habt ihn gesehen." Da antwortete Philippus: „Herr, zeig uns den Vater; das genügt uns." Was antwortet Jesus? Er sagt ganz einfach: „Schon so lange bin ich bei euch, und du hast mich nicht erkannt, Philippus? Wer mich gesehen hat, hat den Vater gesehen" (vgl. Joh 14, 1–14).

Leser:
Das würde aber bedeuten, daß man dann, wenn man Jesus begegnet ist, ich meine Jesus, dem Menschen, Gott selbst begegnet ist.

Autor:
Genau so ist es. Man könnte auch sagen, wie schon einmal angedeutet: „Gott hat *sich* menschlich *gegeben*." Das aber nicht in dem abgeschwächten Sinn, wie man etwa von einer hochgestellten Persönlichkeit sagt: „Der oder die gibt sich aber ganz menschlich", sondern wörtlich: Gott gibt sich in den Menschen, in das Menschliche so ganz, so total hinein, daß meine Begegnung mit dem Menschen Jesus Christus eine „totale" Gottesbegegnung ist.

Leser:
Ich sehe ein, daß man das mit menschlichen Worten nur andeuten kann, aber ich beginne es im Glauben zu begreifen.

Autor:
Lieber Leser, du siehst, daß die Freunde Jesu, die Tag für Tag mit ihm zusammen waren, es auch nicht leicht hatten. Manchmal meinen wir ja, sie hätten es gut gehabt. Ja die! Die waren Tag für Tag mit ihm zusammen! Wenn wir das Glück gehabt hätten, die Wunder zu sehen und die Worte zu hören, hätten wir es jetzt leichter. Ich fürchte, das stimmt nicht. Allerdings müssen wir loskommen von der Vorstellung, daß dieser Jesus eine längst vergangene Figur der Weltgeschichte ist. Bei ihm ist es nicht so, wie man in Geschichtsbüchern von den Helden der alten Zeiten lesen kann. Sie haben „damals" gelebt. Sie sind „mit der Zeit" vergangen. Jesus ist zwar geschichtliche Figur im üblichen Sinn. Aber er ist nicht „mit der Zeit" vergangen. Wenn ich einfach sagen würde: Jesus ist keine

geschichtliche Figur, könnte ich großes Unheil anrichten. Das könnte so klingen, als hätte er überhaupt nicht gelebt. Es ist aber so: er ist ein Mensch, der vor zweitausend Jahren in Palästina gelebt hat, aber weil er Gottmensch, Menschgott ist, konnte er sich herauslösen aus dem Fluß der vergehenden Zeit; er ist nicht „mit der Zeit vergangen", sondern er konnte jeder-zeit bleiben. Das alles haben die Zeitgenossen dieses Jesus nicht wissen können. Auch seinen Jüngern ging das „Licht" erst auf, als sein Leben und sein Tod überstanden waren. Ja, er selbst mußte durch dieses dunkle Tor hindurch in seine eigene Auferstehung, die dann auch zu unserer Auferstehung wurde. Erst von diesem Wendepunkt an konnten sie begreifen, was das damals bedeutete: „Wer mich gesehen hat, hat den Vater gesehen."

II. Der „Lebenstod"

Dies soll sozusagen eine „theologische" Überschrift sein. Sie faßt zusammen, was entfaltet werden soll. Denn wie sollte man sonst mit diesem seltsamen Wort etwas anfangen: Lebenstod? Kann man in einem einzigen Wort die beiden äußersten Extreme verbinden, die es auf der Welt gibt – Leben und Tod? Und wenn wir schon diese Verbindung wagen, wo liegt dann der Akzent? Nun, die deutsche Sprache legt bei solchen Zusammensetzungen, wie schon erwähnt, die spezielle Aussage auf den ersten Teil. Das Wort „Lebensbrot", das wir für die Eucharistie gebrauchen, bedeutet ein Brot, das Leben bringt. So wäre also der Lebenstod ein Tod, bei dem es ums Leben geht, ein Tod, der Leben bringt. Für uns Christen nichts Neues. Auch wahrscheinlich nichts Zugkräftiges. Es kann nach schwacher Vertröstung klingen. Wenn es dir schlecht geht auf dieser Welt, freu dich wenigstens auf den Himmel, denn du weißt ja als Christ, daß du nach dem Tod in den Himmel kommst.

Wenn wir hier vom Lebenstod sprechen, meinen wir zunächst einmal den Tod Jesu. Wenn wir sagen, daß der Tod Jesu ein Lebenstod war, dann bedeutet diese Wortformulierung mehr als etwa: Jesus ist gestorben und dann wieder auferstanden.

In den letzten Jahren, besonders durch die Theologie des Konzils beeinflußt, hat man den Tod Jesu wieder deutlicher mit seinem biblischen Hintergrund beschrieben als „Pascha", das heißt: als Hindurchgang durch den Tod in das Leben der Auferstehung.

Der biblische Hintergrund aus dem Alten Testament ist bekannt: der Auszug des jüdischen Volkes aus Ägypten, der Durchgang durch das Rote Meer und durch die vierzig Jahre in das Land eines neuen Lebens. Das Konzil beschreibt die Feier der heiligen Messe nicht einfachhin mit Vergegenwärtigung des Kreuzestodes, sondern nimmt die ganze Spannweite dieses Todes in die Beschreibung mit hinein: „Die Kirche hat nie aufgehört, sich zur Feier des Pascha-Mysteriums zu versammeln" (Liturgie-Konstitution, Art. 6).

Feier des Pascha-Mysteriums ist also die gottesdienstliche Vergegenwärtigung des Todes und der Auferstehung Christi, das heißt: eines Todes, der in seinem Höhepunkt überwunden wurde und in neues Leben verwandelt ist. Lebenstod bei Jesus Christus heißt also nicht: er hat sich für uns geopfert bis zum Tod und wurde sozusagen zur Belohnung wieder auferweckt. –

Warum eigentlich nicht? So denken doch viele gläubige Menschen. Jesus hat das Größte getan, was ein Mensch für einen anderen tun kann, er hat sein Leben für die Menschen hingegeben. Danach ist er auferstanden zu neuem Leben und nach vollbrachtem Werk zurückgekehrt zu seinem Vater. Nun steht ihm der Himmel wieder offen. Auch uns hat er den Himmel geöffnet, denn auch wir können jetzt nach dem Tod weiterleben.

Das klingt alles ganz richtig und rechtgläubig. Der Fehler liegt aber darin, daß wir meinen, Jesus ist gestorben und dann (nach drei Tagen) auferstanden. Das hat sich zwar rein äußerlich für Zuschauer – historisch gesehen – so abgespielt. Aber der Sinn des Sterbens Jesu war, daß hier zum erstenmal der Tod kapitulieren mußte, während ein Mensch starb. Während dieser Mensch Jesus durch den Tod hindurchging, hat der Gottmensch Jesus Christus im Sterben den Tod getötet. Jesus ist wirklich gestorben mit allen schrecklichen Umständen, die in der Bibel beschrieben werden. Aber sein Sterben war zugleich ein Hindurchgehen durch den Tod in das Leben.

Niemals vorher gab es so etwas. Immer hat der Tod dem Leben ein Ende gemacht. Und wenn Jesus Tote auferweckt hat, so waren sie doch bis zu diesem Zeitpunkt der

Auferweckung tot. Und nachher sind sie eines Tages wieder gestorben. Jesus aber ist gerade im Sterben lebendig geworden. Er hat im Tod das neue Leben geschaffen. Sein Tod war die Schöpfung des neuen Lebens für alle Menschen und die ganze Welt. Als Jesus durch den Tod hindurchgegangen war, hing zwar für die Zuschauer sichtbar der Leichnam Jesu am Kreuz, aber in Wirklichkeit war das Werk bereits vollbracht. Der auferstandene Jesus Christus lebte vom Augenblick seines Todes an. Hier kann man keinen Zeitpunkt angeben, denn dies war der „Augenblick" (falls man das Wort „Augenblick" noch verwenden darf), in dem – wie Paulus sagt – die neue Schöpfung begonnen hat. Jesus war der erste „neue Mensch" auf dieser Welt. Sein Tod war der Beginn eines neuartigen Lebens für die Welt und für die Menschen. Darum: ein Lebenstod.

5. Er lebt, um zu sterben

Gott ist Mensch geworden. Dieser Jesus war ganz Mensch. Wir haben festgestellt, wie unauffällig dieses Leben begonnen hat. Er hat sich nicht bei den Großen dieser Welt vorangemeldet. Es kam keine Delegation aus einer anderen Welt zum Größten der damaligen Welt, dem römischen Kaiser, die das große Ereignis vorbereitete. Unauffällig, geradezu armselig betrat Gott als Mensch die Welt. Und so ist es auch geblieben. Dieser Mensch hat keine Karriere gemacht. Er hätte bestimmt das Zeug dazu gehabt. Bei dieser „Begabung"! Wir wollen ja daran festhalten, daß der Mensch Jesus immer und zu jedem Zeitpunkt seines Lebens Gott war. Es ist gut, wenn man sich das immer wieder ins Gedächtnis ruft. Ein menschgewordener Gott, der nicht zugleich Gott bleibt, gibt sich selbst restlos auf. Das aber ist ein unmöglicher Gedanke: ein Gott, der eine Zeitlang seine Identität verliert! Inwieweit dem Menschen Jesus sein „Gott-Sein" bewußt war, vor Augen stand, oder wie immer wir das ausdrükken wollen, sollten wir eigentlich nicht als theologische Frage erörtern. Hier müßte es so etwas geben wie eine theologische Ehrfurcht, die zugibt, daß es uns nicht zusteht, mit unserem Verstand hineinleuchten zu wollen in dieses Geheimnis. So sollten wir auch kostbare Worte des Evangeliums hüten: „Es ging eine Kraft von mir aus", „Ich bin das Licht der Welt" oder: „Wer mich sieht, hat den Vater gesehen."

Dies alles ist Grund genug dafür, wie sehr er seine Aufgabe kannte. Daß er Gott seinen Vater nennt, mag zwar eine biblisch gebräuchliche Formulierung sein, die damals jeder fromme Gläubige für sich in Anspruch nehmen konnte, aber wenn man das Evangelium liest, empfindet man, wie Christus unter diesem Auftrag des Vaters stand. Spricht dies alles nicht dafür, daß dieser Mensch mehr zu tragen hatte, als wir ahnen können? Dieser Auftrag hätte ja auch im Rahmen einer glanzvollen Karriere vor sich gehen können. Nein, sie wurde geopfert, damit dieses Leben genau das Gegenteil wurde von dem, was es hätte sein können. Es wurde ein glatter Mißerfolg. Jesus Christus will ganz Mensch sein, und zwar ein Mensch, der sich auf die Seite der Menschen schlägt, die mit dem Leben nicht zurechtkommen. Während er selbst verachtet, verlacht und mißverstanden wird, sogar von seinen Jüngern, hilft er zugleich seinen eigenen Leidensgenossen. Er holt sie heraus aus den Ekken und Winkeln der Gesellschaft, die Aussätzigen, die man für unrein erklärt hat, die Kranken, die nicht mehr vollwertig sind, und alle, die man als Sünder verachtet und die verstoßen sind, weil sie kein Erbarmen finden. „Ich bin gekommen, um die Sünder zu rufen, nicht die Gerechten" (Mt 9, 13).

In diesem Menschen Jesus von Nazaret wurde eine übermenschliche Liebe – es kann nur Gottes Liebe selbst sein – über-setzt und über-tragen, beides im wahrsten Sinne des Wortes – in Menschlichkeit. Seine Menschlichkeit war so weit und offen, daß sie ganz angefüllt war von der Liebe Gottes. An dem Menschen Jesus ist klar, daß Gott einen Menschen gebraucht hat, besser gesagt: gewollt hat, damit die Menschen mit der Liebe Gottes in Berührung kommen. Am Menschen Jesus wird klar, daß Gottes Liebe durch das Medium Mensch zum Menschen gelangen kann. Und dieses „Medium" war Jesus, der Mensch, dem es aufgetragen war, Gottes Liebe ohne Verlust, in ihrer ganzen Ungebrochenheit menschlich nahezubringen. Ein schwerer Auftrag. Denn diesen Auftrag kann er sich nicht – um es erneut zu sagen – von Zeit zu Zeit erleichtern dadurch, daß er die Flucht ergreift zurück in sein „göttliches Vorleben". Diese Rückzugsmöglichkeit hat er freiwillig aufgegeben. Er geht bewußt der Katastrophe entgegen. Der Gottmensch soll und will seine Menschlichkeit auf die Spitze treiben bis zum Höhepunkt oder auch bis zum Tiefpunkt des Menschseins überhaupt. Er nimmt freiwillig den Tod auf sich, das Höchste, was ein Mensch für den anderen tun kann. „Es gibt keine größere Liebe, als wenn einer sein Leben für seine Freunde hingibt" (Joh 15, 13).

So bietet er Gott diese höchste Form der Menschlichkeit an. Dann aber, im gleichen Augenblick, als der Tod den Menschen Jesus tötet, wird der Tod selbst vernichtet von der Kraft der in diesem Menschen gespeicherten göttlichen Liebe.

Nun ist es klar: Dieser Jesus mußte leben, um zu sterben. Alle Not dieses gottmenschlichen Lebens mußte ertragen werden. Sein Sterben begann bereits bei seiner Geburt. Er hat sich selbst erniedrigt und ist gehorsam geworden bis zum Tod (vgl. Phil 2, 6–8).

Jede Station seines Menschenlebens war immer schon eine Wegmarke, an der Gottes Liebe sichtbar wurde bis hin zu der Erfüllung am Kreuz.

6. Er stirbt, um zu leben

Wir haben schon im vorangegangenen Kapitel gesehen, daß der Tod Jesu ein einmaliger Tod war. Dieser Jesus geht als Mensch dem Tod entgegen wie wir alle. Auch wir müssen uns das ja gelegentlich klarmachen. Jeder Tag verkürzt unser Leben um vierundzwanzig Stunden. Gewiß, man sagt mit Recht vom jungen Menschen: Er hat das Leben noch vor sich. Aber gerade die Jugend unserer Zeit ist so nüchtern und realistisch, daß sie sich fragt: Warum überhaupt leben? Es geht ja doch auf den Tod zu. Darum oft die Kurzschlußreaktionen: Laßt uns das kurze Leben genießen, laßt uns soviel draus machen, wie nur möglich, dann haben wir wenigstens etwas davon gehabt. Wegen mir kann es dann auch früher Schluß sein. Das ist mir egal.

Es hat wohl hier in diesem Zusammenhang wenig Sinn, sich jetzt darüber zu verbreiten, ob diese Art von „Genuß" wirklich Genuß ist. Warum sollen wir den Menschen ausreden, daß es Genießerisches gibt? Sie würden uns belächeln und das Gegenteil beweisen. Man könnte höchstens hinweisen auf einen bekannten Slogan: „Genuß ohne Reue" und daraufhin die Frage stellen, ob es wirklich den totalen Genuß gibt, oder anders gesagt: ob es zwischen den Genüssen nicht auch den „Katzenjammer" gibt. Nein, reden wir nicht so oberflächlich über diese Fragen.

Jedes Leben geht dem Tod entgegen, daran gibt es nichts zu rütteln. Und wenn dieser Satz so stehenbleiben müßte, dann könnte man sich wirklich fragen, ob das Leben einen Sinn hat und man daraus nicht Konsequenzen ziehen müßte. Doch wenn wir uns an Jesus Christus halten und an sein Lebensprogramm, dann muß man den Satz umdrehen. Statt zu sagen: Er lebt, um zu sterben, heißt es dann: Er stirbt, um zu leben. Ja sogar: Er muß sterben, um zu leben. Am Kreuz wurde der Tod getötet.

Viele von uns kennen entsprechende Worte aus der Bibel, aus dem Gottesdienst. „Verschlungen ist der Tod vom Sieg. Tod, wo ist dein Sieg? Tod, wo ist dein Stachel?" (1 Kor 15, 54b–55).

Aber viele wissen gar nichts anzufangen mit solchen Texten. Was soll es denn nun wirklich heißen, wenn immer wieder davon geredet wird, daß es keinen Tod mehr gibt, daß jetzt das Leben seine Triumphe feiert? Die Tatsachen sprechen doch dagegen! Wer beherrscht denn die Erde: das Leben oder der Tod? Was haben uns denn zweitausend Jahre Christentum gebracht, das Leben oder den Tod? Hat das überhaupt alles etwas mit Christus zu tun? Wollen wir ihn nicht lieber verschonen und ihn aus dieser schrecklichen Sache heraushalten? Er ist ja ohnehin längst wieder in den Himmel aufgefahren, so daß man ihm das irdische Durcheinander nicht mehr anlasten kann. Wäre er heute noch Mensch, dann könnte es eigentlich nicht so miserabel auf diesem Planeten aussehen. So aber können wir Christen wenigstens aus der Hoffnung leben, eines Tages der Welt den Rücken zu kehren und in die „ewige Ruhe" einzugehen.

Es liegt nahe, so zu denken, und diese Ansicht ist weit verbreitet und schadet uns wahrscheinlich sehr, weil viele Menschen, auch junge Menschen, sich so nicht aus der Affäre ziehen wollen. Sie sollen wissen, daß, wenn es einen gibt, der sich nicht aus der Affäre gezogen hat, obwohl er es hätte tun können, Jesus Christus selber war. Sein Kreuzestod war nicht das Ergebnis eines verpfuschten Lebens, sondern eines Lebens, das geradewegs auf diesen Tod zuging. Das ist kein gescheiterter Idealist, der letztlich dem Tod nicht ausweichen konnte. Noch gefährlicher wäre es zu denken: Wenn er wirklich Mensch und Gott zugleich war, dann war ihm die Heimkehr ins Himmelreich auf jeden Fall gesichert. Gefährliche Überlegungen, weil Jesus dann verdächtig in die Nähe eines egoistischen Schwärmers geraten könnte.

Für viele gläubige Christen ist Christus nach seiner Auferstehung ins „Himmelreich" zurückgekehrt. Nachdem er uns den Weg in den Himmel erschlossen hat, wurde ihm seine eigene Rückkehr von Gott wiedergeschenkt. Ja und nein, denn wer dies sagt, glaubt nur einen Teil, ja eigentlich weiß er die Hauptsache nicht. Leider spricht alles dafür, daß das Christentum deshalb nicht aktuell ist und immer wieder falsch verstanden wird, weil solche Vorstellungen ein gefährliches Zwischendasein führen zwischen der Wirklichkeit und einer mehr zum Kindlichen neigenden Utopie. Sie passen nicht in unsere Zeit hinein. Sie sollen es auch nicht, denn sie waren nie in einer so vereinfachenden Weise gemeint.

An dieser Stelle möchte ich ein persönliches Erlebnis erzählen. Es ist lebensnah und gleichzeitig trefflich geeignet für unsere Überlegungen:

Es war in den letzten Dezembertagen des Jahres 1944. Ich war als Soldat auf der Rückreise aus dem Heimaturlaub nach Oberitalien. Der Zug konnte die übliche Strecke nicht fahren. Wir wurden über Jugoslawien umgeleitet, weil die Strecke durch die Tauern zerstört war. Kurz vor dem Ziel gab es noch ein überraschendes Hindernis. Wir näherten uns einer Brücke, die in der Nacht zuvor bombardiert worden war. Dabei war das eine Bahngleis heruntergebrochen. – Das andere war gerade noch heil geblieben, doch hatte die Brücke offensichtlich stark gelitten. Zunächst wußten wir keinen Rat. Dann erbot sich ein Kamerad, der von Beruf Lokführer war, den italienischen Zugführer abzulösen und nun selbst, und zwar mit dem leeren Zug, hinüberzufahren. Stürzte die Brücke unter der Last des leeren Zuges zusammen, kam nur er ums Leben, aber alle anderen waren gerettet. Gelangte er jedoch gut nach drüben, dann war es sicher, daß die Brücke auch uns tragen würde, wenn wir dann zu Fuß hinübergingen. Und wirklich, es gelang ihm, den leeren Zug auf die andere Seite zu bringen. Jetzt konnten auch wir zu

Fuß hinübergehen, drüben einsteigen und sicher ans Ziel kommen.
Dieses Erlebnis kann uns weiterhelfen. Der tapfere Kamerad war bereit, sein Leben zu opfern, damit wir gerettet wurden. Gott sei Dank hat die Brücke gehalten. So wurde sein und unser Leben gerettet. Das mindert aber keineswegs den Wert seiner Opferbereitschaft.
Nun wollen wir dieses Erlebnis noch deutlicher auf Jesus Christus übertragen. Es ging auch damals um eine Fahrt über die Brücke. Wenn unser Kamerad sein Leben verloren hätte, wären wir alle zwar auch gerettet gewesen, aber dann wäre die Brücke zerstört gewesen, und wir wären nicht nach drüben gekommen.
Wir müssen das Erlebnis etwas verändern, um zu begreifen, was Jesus Christus für uns getan hat. Auch hier gibt es einen Abgrund und eine Brücke. Der Abgrund ist die tiefe Kluft zwischen dem unerreichbaren Gott, der in einem „ewigen Leben" lebt (wir haben im Einleitungsbrief dieses Buches schon davon gesprochen), und die Brücke ist Jesus, der Gottmensch, der Menschgott. In seiner Person war die Verbindung „nach drüben" hergestellt. In ihm war Gott zum Menschen geworden. In ihm war der Unbegreifliche greifbar geworden. Mit seiner zeitlichen Begrenztheit war gleichzeitig ewiges Leben verbunden. Das war die Brücke. Und diese Brücke mußte erhalten bleiben. Nicht so, daß der Mensch, wenn er Glück hat, am Ende seines Lebens einen Zug erwischt, der über diese Brücke fährt, nicht so, daß wir uns durch ein christliches Leben lediglich den Freifahrtschein für die letzte Fahrt über diese Brücke erhandeln und garantieren.
Der Tod Jesu hat uns also nicht sozusagen eine Brücke gebaut, auf der wir am Ende des Lebens hinüberfahren können zu Gott, sondern in seinem Tod hat uns Jesus alle, die ganze Menschheit, jetzt schon mit hinübergenommen über die Brücke zu Gott in das neue, in das ewige Leben. Das würde bedeuten, um unser Beispiel

noch einmal zu bemühen, daß alle, die während ihres Lebens bereits in den Zug Christi einsteigen, mit ihm „drüben" sind. Sie sind gleichzeitig „hier" und gleichzeitig „drüben". Es geht ihnen so ähnlich wie Jesus selbst, als er zeitgebunden hier auf Erden war. In ihrem tiefsten Inneren haben sie einen Abgrund überwunden und können nicht mehr abstürzen. Der Tod ist tatsächlich überwunden. Das „ewige Leben" beginnt nicht erst nach dem Tod.

Wenn wir das alles einmal mit einem uns vertrauten Wort erklären würden, könnten wir sagen: Jesus Christus hat uns in seinem Tod alle mitgenommen „in den Himmel", besser würden wir allerdings sagen: Er hat uns mitgenommen zu Gott. Die Überwindung der Kluft zwischen Gott und der Welt war keine Frage von Kilometern, sondern war eine Frage der Liebe Gottes, die in der Person Jesu so stark in Erscheinung getreten ist wie nie zuvor. Was in diesem einzelnen Menschen Jesus von Nazaret in Erscheinung trat, das sollte nie wieder von uns genommen werden. Deshalb ist er gestorben für uns. Für uns heißt, daß Gott und Welt, Gott und Mensch nie wieder auseinanderfallen können, daß jeder, der Anschluß findet an Jesus Christus (in den Zug einsteigt), teilhat am ewigen Leben Gottes. Dies schon jetzt in diesem zeitlich begrenzten Leben, das ja nicht mehr begrenzt ist, und zwar deswegen nicht, weil eines Tages die letzte Grenze im Sterben überrollt wird.

Darum ist die Überschrift unseres Kapitels nur ein Teil der Wahrheit: Er stirbt, um zu leben. Es muß jetzt heißen: Er stirbt, damit wir alle leben können, damit wir alle ewig leben können, weil Gott schon jetzt mit uns ist.

7. Er verwandelt den Tod

Man kann nicht genug über den Tod Jesu nachdenken, weil in diesem Tod der Schlüssel zu finden ist zu den Geheimnissen unseres Glaubens. Nicht so, daß man alles sozusagen „entschlüsseln" könnte, als wolle man Gott auf die Spur kommen. Gott ist so groß und unbegreiflich, daß wir ihn letztlich nicht verstehen können. Man braucht sich also nicht zu wundern, wenn man immer wieder den Notruf hört: „Ich kann Gott nicht verstehen."

Aber wir sprechen auch davon, daß Gott sich „geoffenbart" hat. Er hat uns tatsächlich einen Schlüssel gegeben, mit dem wir sozusagen einen Blick tun können in das Mysterium. Dieser Schlüssel ist der Tod Christi oder – wie schon mehrmals gesagt – mit dem hebräischen Fremdwort ausgedrückt: das Pascha Christi. Es ist schon eine Entdeckung, daß der Tod und die Auferstehung Jesu nicht zwei Ereignisse sind, die nacheinander und aufeinander folgen. Gewiß, für die Zeitgenossen Jesu hing am Karfreitag der Leichnam Jesu am Kreuz, und Jesus zeigte sich seinen Jüngern in den sogenannten Ostererscheinungen (davon wird noch ausführlich die Rede sein). Das war also ein historisches Nacheinander, an dem kein Zweifel zu entstehen braucht. Schlimm wäre es allerdings, wenn tatsächlich ein toter Jesus erst nach einer gewissen Zeit (Karfreitag bis Osternacht) wieder lebendig geworden wäre. Das wäre kein „Pascha", kein „Hinübergehen" vom Tod ins Leben. Das wäre lediglich ein ähnliches Erwecktwerden, wie wir es bei Lazarus gesehen haben. Denn dann hätte der Tod ja auch bei Jesus seine Macht vollständig ausgeübt. Wohl war der tote Leichnam am Kreuz und im Schoß seiner Mutter Maria wirklich der am Kreuz verblutete Jesus von Nazaret. Jesus Christus ist wirklich gestorben und hat den Tod erlitten. Aber auch dieser Tod war ein „Signal", er war das Signal für das, was menschliche Augen nicht sehen konnten. Er war jenes Pascha, das uns den einzig passenden Schlüssel gibt, mit dem wir den Sinn des Todes erschließen können. Denn Jesus hat den Tod nicht erlitten wie jeder Mensch, sondern er hat ihn „durch-litten". Im Sterben hat er – wie wir gesehen haben – den Schritt getan hinüber in das ewige Leben, hinüber zu Gott, bei dem es keine Grenzen mehr gibt, auch nicht mehr die Grenze der Zeit.

Der tote Leichnam im Schoß Mariens gehörte dem zeitlichen Augenblick an, in dem er sein Haupt neigte mit dem bezeichnenden Wort: „Es ist vollbracht!" (Joh 19, 30). Aber er selbst war bereits mit der Menschheit hineingegangen in das Glück des ewigen, unvergänglichen Lebens, in die Auferstehung. Das war zeitlich nicht mehr einzufangen. Das konnte nicht mehr „mit der Zeit" vergehen. Das stand jetzt jenseits aller „Zeitpunkte". Das war der Einbruch der Ewigkeit, der Einbruch der Auferstehung in unsere Zeit, und zwar so, daß von jetzt an zu jeder Zeit der Zugang zu Gott möglich wurde. Das war ein Ereignis, das niemals der Vergangenheit verfallen wird, das jeder Zeit gegenwärtig bleibt. Die schmerzgebeugte Mutter am Fuß des Kreuzes und die trauernden Jünger wußten davon noch nichts, aber bald werden sie von ihm selbst, dem Auferstandenen, belehrt werden, daß er auferstanden ist für alle Zeit.

In den drei Evangelien (Mt 27, 51; Mk 15, 38; Lk 23, 45) wird dieses Ereignis der Umwandlung in eine neue Zeit aus der Sicht des Juden so beschrieben: „Da riß der Vorhang des Tempels von oben bis unten entzwei." Der Vorhang des Tempels verhüllte die Bundeslade, das Allerheiligste. Hinter diesem Vorhang war Gottes Gegenwart. Und nur der Hohepriester durfte den Raum hinter dem Vorhang betreten. Jetzt aber ist der Vorhang entzweigerissen, und jeder darf hinein in das Allerheiligste. Jeder hat Zugang zu Gott. Besser konnten die Schriftsteller der Evangelien nicht erklären, was der Tod Jesu bedeutete. Sie wußten mit diesem Bild das Wesentliche zu sagen.

Im Tod begann das Leben – das neue Leben. Darum können wir sagen, daß am Kreuz der Tod in Leben verwandelt worden ist. Das bedeutet, daß es keinen Tod mehr gibt, der seine Opfer festhalten kann. Der Tod wird zum Durchgang, verwandelt in das Tor zum neuen Leben. Hier muß man „neues", „neuartiges" Leben sagen, denn es war kein wiedererwecktes Leben wie bei Lazarus. Dort war es nichts anderes als ein verlängertes altes Leben, ein Wiederaufleben. Dieses neue Leben aber verlängert das alte Leben nicht. Verlängertes Leben bleibt immer altes Leben, und wenn es um Jahrmillionen verlängert würde. In dieser Wandlung vom alten zum neuen Leben gibt es einen Durchbruch, einen Umbruch, wie man ihn sich tiefgreifender nicht vorstellen kann. Dies ist ein Sprung zu einer neuen Ebene in eine neue Dimension. Der Mensch, der mit Christus diesen Weg geht, wird mit hineingenommen in die Fülle göttlichen Lebens. Das Pascha Christi wird zur Wandlung. Der Kreuzestod wird zur Wandlung, zum Schmelztiegel für eine neue Daseinsweise.

Wir werden noch zurückkommen auf diese Wandlung. Nur so können wir ahnen, warum Jesus am Gründonnerstag seinen Tod in Form einer Verwandlung weitergibt. Eines soll hier noch gesagt werden, es ist eben schon angeklungen: diese ersehnte Wandlung vom Tod ins Leben ist nie zu begreifen ohne das Kreuz. Sie wird uns am Gründonnerstag und bei jeder Meßfeier wieder begegnen (auch hier in diesem Buch), und sie verlangt vom Menschen, der sich Christus anschließt, daß er bereit ist, den ganzen Weg mit ihm zu gehen. Unsere Teilnahme am Tod Christi beginnt schon während des Lebens wie bei Jesus selbst. Und so beginnt bei uns diese Wandlung schon früh. Verborgen wird sie uns bereits in der Taufe geschenkt. Im Lebenskampf wird sich der Christ immer in der Spannung bewegen, einerseits Mensch zu bleiben mit der Gewißheit und der Angst, sterben zu müssen, mit der Not und mit dem Elend, die ihm vom Leben beschert werden, andererseits mit Christus lebendig zu sein durch die Teilnahme an Christi Tod und im Glauben, jetzt schon sicher zu sein, daß der noch kommende Tod bereits verwandelt und deshalb überwunden ist.

8. Er bleibt immer bei uns

Kaum ein Bibelwort ist so bekannt und wird so oft wiederholt wie Jesu Versicherung: „Ich bin bei euch alle Tage bis zum Ende der Welt" (Mt 28, 20).
Gleichzeitig weiß jeder Christ, daß Jesus nach seiner Auferstehung in den Himmel aufgefahren ist. Nach allem, was wir bisher überlegt haben, können wir aber vermuten, daß diese Formulierung: „in den Himmel aufgefahren" alles andere bedeutet als den Abschied Jesu von dieser Welt. Wir wollen im Gegenteil festhalten an seiner Absicht, daß seine Menschwerdung einmalig und unwiderruflich ist. Und so paßt ja auch das eingangs zitierte Wort ganz genau.
So soll in diesem Kapitel schon einmal darüber nachgedacht werden, wie man sich denn den jetzigen Jesus vorstellen muß. Sehr schnell kommt uns da die Bezeichnung vom „verklärten Jesus" in den Sinn, wie der Auferstandene oft genannt wird. Wir werden noch ausdrücklich zu sprechen haben über die Begegnung dieses verklärten Jesus mit seinen Jüngern nach der Auferstehung. In der Schule war das für mich jedesmal eine spannende Geschichte, wenn wir hörten, daß der Auferstandene durch verschlossene Türen kommen und gehen konnte. Damals waren wir noch fasziniert und haben auf Anhieb geglaubt: das kann nur Gott. Die heutigen Religionsleh-

rer mögen es etwas schwerer haben, denn unsere Fernsehkinder erleben in den Science-fiction-Filmen, wie Menschen sich entmaterialisieren und ohne Mühe dasselbe tun, was in unserer Schulzeit nur Jesus Christus vorbehalten war. Nichts gegen technische Tricks, nichts auch gegen die Entwicklung der Wissenschaft, die es vielleicht eines Tages fertigbringt, die kleinsten Bestandteile der Materie so in den Griff zu bekommen, daß sie nicht nur Energie hergeben, sondern auch dem Menschen neue Verhaltensweisen der Welt gegenüber eröffnen.

Selbstverständlich waren die Begegnungen mit Jesus nach Ostern genausowenig eine Show wie die Wunder vor Ostern. Es ging ihm gewiß nicht darum, vorzuführen, daß Türe und Wände ihn nicht mehr aufhalten können. Wenn wir es zunächst schlicht sagen wollen: Er wollte seinen Jüngern helfen, an die Auferstehung zu glauben. Und er wollte ihnen klarmachen, daß er noch immer derselbe Jesus war, den sie vor seinem Tod gekannt hatten.

Man sollte in diesem Zusammenhang einmal die Heilige Schrift aufschlagen und nachlesen, was im Johannes-Evangelium, in den sogenannten Abschiedsreden, Kap. 13–17, zu lesen ist. Jedermann weiß, daß die Worte Jesu, wie wir sie in der Bibel lesen, keine Tonbandaufzeichnung und kein Stenogramm sind. Die Bibelwissenschaftler werden wohl kaum jemals genau auseinanderhalten können, welches die genauen überlieferten Formulierungen Jesu sind und welche durch die Schriftsteller der Evangelien nach dem Ostererlebnis zu Interpretationen wurden. Aber gerade diese Abschiedsreden zeigen – und vielleicht darf man sagen, sie beweisen es –, daß es Worte Jesu gibt, die so gesprochen wurden, wie sie dastehen. Nur: erst später, als sie niedergeschrieben wurden, nach seinem Tod und seiner Auferstehung also, haben die Schriftsteller begriffen, was Jesus eigentlich damit sagen wollte, und so werden sie für uns zur vollgültigen zeitlosen „Heiligen Schrift". Nach Tod und Auferstehung konnten die Verkünder der Frohen Botschaft deren Sinn begreifen, weil der Auferstandene bei ihnen war, als sie das niederschrieben. – Ist das jetzt nur eine Behauptung? Es ist zunächst die Absicht, das oben zitierte Wort ernst zu nehmen: „Ich bin bei euch bis zum Ende der Welt."

So kann es auch heute noch sein, daß man die Abschiedsreden liest und über ihren Sinn hinweggleitet. Aber es ist auch möglich, daß sie einem „aufgehen", weil man erkennt, daß Jesus Christus hier von seiner Auferstehung spricht und gerade mit diesen Worten klarmachen will, daß er nach seinem Tod erst recht, vielleicht darf man sogar sagen: erst richtig unter den Menschen bleibt.

Bei Johannes 16, 16 heißt es: „Noch kurze Zeit, dann seht ihr mich nicht mehr, und wieder eine kurze Zeit, dann werdet ihr mich sehen." Was soll das heißen: „noch kurze Zeit"? Wir brauchen uns nicht jetzt Gedanken darüber zu machen, denn seine Jünger waren genauso überrascht und haben gleich weitergefragt: „Was meint er damit ...: Noch kurze Zeit, dann seht ihr mich nicht mehr, und wieder eine kurze Zeit, dann werdet ihr mich sehen?"

Viele Prediger in unseren Kirchen haben diese Worte Jesu zu erklären versucht. Meistens ging es dann so aus, daß Jesus ja auf keinen Fall meinen könne, ihn nach seinem Tod und seiner Auferstehung zu sehen. Denn wir sehen ihn ja tatsächlich nicht. Also konnte nur gemeint sein: nach unserem Tod. Aber was ist dann mit der „kurzen Zeit" gemeint? Nun, das konnte man ja schließlich erklären mit der Gegenüberstellung Zeit und „ewiger Gott", für den alle Zeiten immer nur eine kurze Zeit bedeuten. Hier soll diese Art der Erklärung nicht vom Tisch gewischt werden, aber es ist kaum anzunehmen, daß Jesus es so gemeint hat. Denn er führt den Gedanken noch

weiter: „Amen, amen, ich sage euch: Ihr werdet weinen und klagen, aber die Welt wird sich freuen; ihr werdet bekümmert sein, aber euer Kummer wird sich in Freude verwandeln“ (Joh 16, 21).
Ist das nicht exakt die Beschreibung der Situation, in der Jesus mit seinen Jüngern vor seinem Tod steht? In dieser „kurzen Zeit“, bis sie es wissen, daß er auferstanden ist, werden sie tatsächlich weinen und klagen. Wenn er am Kreuz stirbt, genau in diesem Augenblick, wird die Welt sich freuen, denn seine Feinde wollten ihn ja töten. Und die Prophezeiung: „Euer Kummer wird sich in Freude verwandeln“ beschreibt genau die Freude über die Auferstehung, an die sie zuerst gar nicht glauben konnten.
Aber Jesus ist noch nicht fertig mit seiner Erklärung: „Wenn die Frau gebären soll, ist sie bekümmert, weil ihre Stunde da ist; aber wenn sie das Kind geboren hat, denkt sie nicht mehr an ihre Not über der Freude, daß ein Mensch zur Welt gekommen ist. So seid auch ihr jetzt bekümmert, aber ich werde euch wiedersehen; dann wird euer Herz sich freuen, und niemand nimmt euch eure Freude“ (Joh 16, 21–22).
Ein Mensch kommt zur Welt. Das ist der Vergleich, den Jesus gebraucht im Zusammenhang mit seinem eigenen Tod. Ein Mensch kommt zur Welt, ein neuer Mensch. Der Gottmensch, der nun nach seiner Auferstehung nicht fortgeht, sondern neu geboren mit einem neuen Leben, mit dem ewigen Leben Gottes weiter auf der Welt bleiben will. Als Mensch bleibt er auf dieser Welt.
Die Menschwerdung ist mit der Auferstehung nicht beendet, sondern jetzt erst beginnt sie. Jetzt erst kann der menschgewordene Gott allen Menschen aller Zeiten auf dieser Welt begegnen, nicht nur seinen Zeitgenossen in Palästina. Seine Menschheit, die bis zu seinem Tod gebunden war an Zeit und Raum, ist nun für alle Zeiten das „Medium“, in dem Gott den Menschen begegnet, jetzt schon auf dieser Welt, in diesem Leben. So seid auch ihr

jetzt traurig (vor dem Kreuzestod), aber ich werde euch wiedersehen (nach der Auferstehung); dann wird euer Herz sich freuen, und eure Freude wird euch niemand nehmen.
Es wird gut sein, wenn wir noch kurz erklären, daß in dieser Schriftstelle immer unterschieden wird zwischen sehen und schauen. Tatsächlich sind diese beiden Worte auch in der griechischen Sprache des Evangeliums verwendet. Schauen ist gewiß mehr als sehen. Und genau das ist gemeint: nicht der streng dogmatische Gedanke eines späteren „Schauens" im Himmel (visio beatifica), sondern: nach Ostern gibt Jesus uns eine neue Fähigkeit, ihn zu schauen. Euer „Herz" wird sich freuen. Das Innerste des Menschen also wird ihn erkennen – und das bedeutet „schauen". Das ist der Geist, der uns geschenkt wird. Doch darüber wollen wir später noch ausführlich sprechen. Es würde zu weit führen, noch andere Stellen der Abschiedsreden zu erläutern, aber immer wieder leuchtet dieser Gedanke auf: Ich gehe fort für kurze Zeit, und dann komme ich wieder für alle Zeit. Ja, einmal sagt er es ganz deutlich: „Es ist gut für euch, daß ich fortgehe. Denn wenn ich nicht fortgehe, wird der Beistand nicht zu euch kommen; gehe ich aber, so werde ich ihn zu euch senden" (Joh 16, 7).[1]
Hier wird wieder deutlich, wie notwendig Christi Tod ist, um diese Verwandlung herbeizuführen, aus der heraus er „wiederkommen" wird. Es ist die Art seines neuen Daseins auf dieser Welt. Er spricht vom Heiligen Geist. Das soll uns im nächsten Kapitel noch klarer werden.

[1] Im Kommentar des Johannes-Evangeliums von R. Schnackenburg werden die beiden Verben ὁρᾶν und θεωρεῖν ebenfalls unterschieden im Hinblick auf das „Nichtsehen in der Zeit der Trauer" und für das „Wiedersehen am Ostermorgen". Vgl. Rudolf Schnackenburg, Das Johannesevangelium, Herders Theologischer Kommentar zum NT IV/3, Verlag Herder, Freiburg-Basel-Wien, S. 175.

Und was sagst du dazu?

Autor:
Lieber Leser, es ist Zeit, daß ich dir wieder eine Verschnaufpause gönne. Am Anfang dieses Buches habe ich gebeten, „per du" sprechen zu dürfen. Das bedeutet, daß ich auch versuchen möchte, mich in deine Situation zu versetzen, in der du vielleicht selbst das Bedürfnis hast, mich als Autor ebenso anzusprechen, vielleicht auch deshalb, um irgendeinen Ärger etwas massiver loszuwerden.

Leser:
Ja, du hast recht, ich möchte wirklich gern ein paar Fragen loswerden. Ich meine, du hättest viel zu umständlich vom Tod Jesu gesprochen. Das habe ich doch sowieso alles als Christ gewußt und gelernt. Du hast zwar manche ungewohnte Formulierung gebraucht, aber schließlich läuft es doch auf nichts anderes hinaus als auf das, was jeder weiß: Am Kreuz hat Gott die Welt erlöst.

Autor:
Das ist sicher eine vollkommen richtige Kurzformel. Aber frag dich mal selbst, was du dir unter Erlösung vorstellst.

Leser:
Na, halt Erlösung von den Sünden. Und wenn ich das Glück habe, meine Sünden loszuwerden, kann ich auch in den Himmel kommen.

Autor:
Sag das mal unserer jungen Generation, ob sie damit etwas anzufangen weiß.

Leser:
Hör mir mit der jungen Generation auf, die hat sowieso kein religiöses Interesse. Mit solchen Themen fang ich bei denen schon gar nicht mehr an.

Autor:
Da bin ich nicht ganz deiner Meinung. Bleiben wir ruhig mal beim Thema. Es muß ja gar nicht die vielzitierte und oft geschmähte Jugend sein. Sagen wir einfach: der Mensch von heute. Erlösung von den Sünden! Wir kommen ja nicht daran vorbei, daß zum Beispiel das Wort Sünde und auch seine Bedeutung nicht mehr so einfach zu erklären ist. Sicher kann man sagen: Das sind die Zehn Gebote. Das ist der Wille Gottes, das steht in der Bibel. Wenn du dich nicht danach richtest, sündigst du. Aber der aufgeklärte Mensch von heute, der dann sehr schnell – ob berechtigt oder unberechtigt – mit Begriffen aufzuwarten weiß wie: Bewußtsein und Unterbewußtsein, Erbmasse, Veranlagung und vieles andere mehr, er versucht psychologisch zu erklären, daß es gar nicht so einfach ist, um nicht zu sagen: unmöglich, eine Sünde zu begehen.

Leser:
Ja nun, man muß ja schließlich auch nicht unbedingt ein Sündenbewußtsein suggerieren.

Autor:
Siehst du, jetzt gehst du schon auf den heutzutage verwendeten Tonfall ein. Natürlich will ich das nicht. Genau darum geht es auch Jesus. Gewiß, Jesus will die Menschen von ihren Sünden erlösen. Die Befreiung von den Sünden ist aber für Jesus nur der Anfang. Anders gesagt: Wer von den Sünden befreit ist, für den fängt das Leben erst richtig an.

Leser:
Ich sage ja: Der kann dann in den Himmel kommen.

Autor:
Willst du wirklich so lange warten? Dann könntest du ja mit dem Beichten auch warten bis kurz vor dem Tod und bis dahin dich nicht scheren um Gott und die Welt; in diesem Fall vor allem nicht um Gott. In der Geschichtsschreibung des jungen Christentums gibt es ja eine legendäre Erzählung vom Kaiser Konstantin, der auch erst kurz vor seinem Tod sich taufen ließ, damit er flugs in den Himmel kommt. Nimm mir nicht übel, daß ich ein bißchen salopp daherrede, aber du siehst ja, wie problematisch das ist, wenn man die Sündenvergebung so naiv mit dem Himmel in Verbindung bringt. Gewissermaßen als Eintrittskarte in die ewige Glückseligkeit am Ende des jetzigen Lebens.

Leser:
Nun gut, das wäre ja auch ein bißchen kurzsichtig, vielleicht auch egoistisch, die Sündenvergebung nur wegen eines zukünftigen Himmels ernst zu nehmen. Wie sollte man auch wissen, wann man stirbt. Trotzdem, du hast schon recht. Ein junger Mensch jedenfalls, wenn er überhaupt noch glaubt, wäre schon in Gefahr, die Sündenvergebung vorerst hinauszuschieben, weil man ja dann sein Leben ändern müßte.

Autor:
Also, kehren wir zurück zu dem springenden Punkt, der ja auch dazu geführt hat, daß ich immer wieder vom Tod Jesu gesprochen habe. Ich möchte es einmal so sagen: Wem die Sünden vergeben sind, der ist schon im Himmel.

Leser:
Daß ich nicht lache! Du übertreibst ganz schön.

Autor:
Ja, ich gebe zu, diese Formulierung klingt übertrieben. Übrigens, auch der heilige Paulus hat in seinen Briefen ähnlich übertrieben, aber gemeint ist natürlich mit Himmel nicht irgendein fest umschriebener Ort (das muß man sich immer wieder sagen, obwohl man es längst weiß), sondern mit Himmel ist Gott gemeint. Vielleicht noch besser: das „bei Gott sein".

Leser:
Gut und schön. Aber um auf deine Formulierung einzugehen: Bei Gott kann ich doch erst sein, wenn ich gestorben bin.

Autor:
Siehst du, jetzt sind wir so weit, daß ich dir nochmals versichern kann: Das war der Sinn des Todes Jesu, daß seitdem Gott so nahe bei uns bleibt – auf der Welt, meine ich –, daß wir hier schon sagen können: Wir sind bei Gott.

Leser:
Soll ich also die Menschen laufen lassen, damit ich bei Gott bleiben kann?

Autor:
Natürlich nicht – und ganz im Gegenteil! Du bist, wenn du an diese Wandlung glaubst, die im Tode Jesu vor sich gegangen ist, selbst ein „neuer Mensch", d. h. Gott und du, ihr beide seid so nahe verbunden, daß du ihn sozusagen immer mitnehmen mußt und, was das aufregend Schöne daran ist, immer mitnehmen kannst, wenn du zum Mitmenschen gehst.

Leser:
Das mußt du mir aber wirklich noch näher erklären.

Autor:
Genau dazu sollen die nächsten Kapitel helfen.

III. Das ewige Leben

9. Ich bin wieder bei euch

„Euer Herz wird sich freuen, und diese Freude kann niemand von euch nehmen." Dieses ermunternde Wort gilt, wie wir gesehen haben, für die Zeit der Auferstehung, für die Zeit nach Ostern. Wir müssen uns übrigens einmal klar darüber werden, daß wir alle in der Zeit „nach Ostern" leben. Das ist zwar eine Binsenwahrheit, denn wir leben ja alle nach der Auferstehung Christi. Trotzdem ist es gut, wenn man daran erinnert wird, denn schließlich gibt es ja Ostern in jedem Jahr und darum durchaus auch eine Zeit vor Ostern. Aber das ist hier nicht gemeint. Nur um hier kurz darauf hinzuweisen: Diese Zeit vor Ostern in jedem Jahr brauchen wir auch. Sie ist notwendig, damit wir uns erinnern an das, was damals geschehen ist, und immer neu aufmerksam gemacht werden, daß alles, was damals geschah, für alle Zeiten gültig geworden ist. Darum wollen wir es nochmals betonen: Wir leben aus der Kraft von Ostern, wir leben aus der Kraft der Auferstehung. Besser: wir leben vom auferstandenen Christus.

a) Die Emmaus-Jünger (Lk 24, 13–35)

Das klingt – zugegeben – etwas phrasenhaft. Deshalb versetzen wir uns am besten zurück in die Situation der Freunde Jesu. Ihr letzter Eindruck von Jesus, an den sie mit so großen Hoffnungen geglaubt hatten, war der trostlose Karfreitag und der Leichnam am Kreuz. Sie mußten ja zunächst an den Rand der Verzweiflung geraten, weil für sie eine Welt zusammenbrach. Natürlich war ihnen

noch nicht aufgegangen, daß jetzt nicht nur alles überstanden war, sondern daß von jetzt an für alle Menschen und für die ganze Welt ein neuer „Lebensabschnitt" begann.
Sie wußten noch nichts von jenem Satz, der später einmal niedergeschrieben wurde aus einem tieferen Wissen um das, was da um sie herum geschehen ist. Jener Satz, über den wir schon nachgedacht haben: „Der Vorhang des Tempels zerriß." Nein, sie hielten die Belastung der letzten Ereignisse nicht länger aus. Sie wollten heraus aus der Stadt, und so kam es zu der bekannten Wanderung nach Emmaus. Diese Wanderung von zwei Jesus-Jüngern wird ausführlich geschildert. Sie steht bei Lukas, Kap. 24, 13–35. Es war der erste Wochentag, also der Tag nach dem Sabbat. Man könnte sagen, das normale Leben hatte bereits wieder begonnen. Das Volk ging seiner Arbeit nach, und für viele war die Hinrichtung am Tag vor dem Sabbat draußen vor der Stadt nichts weiter als eine normale Urteilsvollstreckung.
Die beiden Männer aber waren noch ganz verwirrt. Sie wanderten aus Jerusalem hinaus und wollten zu dem etwa 12 km entfernten Emmaus gehen. Die Geschichte, die jetzt folgt, ist uns so bekannt, daß wir eigentlich gar nicht weiterzulesen brauchen. Sie gehört zu den sogenannten „Ostererscheinungen" und steht mit den anderen ähnlichen Berichten in einem engen Zusammenhang. Gerade deshalb scheint es wichtig, wenigstens die drei auffallendsten Erscheinungen miteinander zu vergleichen. Wir wollen sie einmal ganz einfach auf uns wirken lassen und versuchen, uns dabei in die Personen hineinzudenken, die uns hier geschildert werden. Da ist zunächst der dritte Mann. Er kommt zu den zwei Wanderern hinzu und hört sich an, wovon ihr Herz voll ist. Die Geschichte im Evangelium verrät uns sofort, wer dieser dritte ist, sagt aber zugleich, daß die beiden ihn nicht erkannten. „Sie waren wie mit Blindheit geschlagen."

Von wem, wird nicht so ganz klar. Das klingt so ein bißchen nach Vorwurf, so als wären die leidgeplagten Wanderer irgendwie selbst schuld daran, daß sie Jesus nicht erkannten. Es kann aber auch bedeuten, „sie wurden wie mit Blindheit geschlagen", denn es heißt ja weiter: „so daß sie ihn nicht erkannten." Was hier Blindheit heißt, können wir nicht ergründen. Wir sollten eine solche Erzählung nun auch nicht analysieren und strapazieren. Der Erzähler schreibt einen solchen Satz ja aus ganz bestimmten Gründen nieder, wie wir nachher sehen werden.

Und dann erzählen sie. Wem das Herz voll ist, dem läuft der Mund über. Sie halten auch nicht hinter dem Berg mit ihrer Enttäuschung: „Wir aber hatten gehofft, daß er der sei, der Israel erlösen werde. Und dazu ist heute schon der dritte Tag, seitdem das alles geschehen ist."

Schließlich machen sie auch noch ihrem Ärger Luft über das dumme Geschwätz von ein paar Frauen, die etwas von einem Engel gefaselt haben, der ihnen von seiner Auferstehung erzählt hätte.

Der Weg, den die drei zurücklegten, war – wie gesagt – eine kleine Tagesreise, und so konnte der für sie fremde Begleiter ausführlich antworten. Das tut er mit einer solchen biblischen Fachkenntnis, daß sie doch zum mindesten hätten stutzig werden müssen.

Andererseits fragt man sich, warum der auferstandene Jesus fast einen ganzen Tag mit seinen Freunden zusammen ist und sich nicht zu erkennen gibt. Denn nur er kann es doch schließlich gewollt haben, daß sie wie mit Blindheit geschlagen blieben. Man könnte, wenn man historisch treu die Berichte hernimmt, streng genommen Jesus einen Vorwurf machen. Wenn es nicht vermessen wäre, müßte man fast von einer Art seelischer Grausamkeit sprechen, die Jesus hier anwendet. Warum, so fragt man sich, macht er ihnen nicht die Freude und gibt sich vollends zu erkennen, wenn er schon leibhaftig mit ihnen spazierengeht? Aber hier zeigt sich, daß es bei dieser Geschichte und auch bei den beiden anderen, die wir noch betrachten wollen, nicht in erster Linie um die Erzählung einer „biblischen" Geschichte geht. Wenn man diese „Geschichten" richtig, d. h. „im Geist" zu lesen versucht, kommt man im wahrsten Sinn des Wortes „dahinter". Denn so muß man die Heilige Schrift lesen lernen. Man braucht dazu den Heiligen Geist, das ist der Geist des auferstandenen Christus, der uns sein Licht schenkt, damit wir mit diesem Licht „dahinter" leuchten können, um den „Hintersinn" zu entdecken.

Bleiben wir bei unseren Emmaus-Jüngern. Was verbirgt sich „dahinter", daß Jesus sich nicht zu erkennen gibt, noch nicht zu erkennen gibt? Wir wissen, wie es weiterging. Er bleibt bei ihnen, geht mit ihnen in die Herberge. Als sie am Tisch sitzen, tut der Fremde etwas, was ihnen schlagartig die Augen öffnet. Er spricht den Segen und bricht das Brot, genauso, wie sie es mit ihm und nur mit ihm gewohnt waren. „Da gingen ihnen die Augen auf, und sie erkannten ihn." Jetzt erst sollten sie ihn erkennen, jetzt, in Verbindung mit dem gemeinsamen Mahl. Daran sollten sie ihn erkennen, nicht am äußeren Aussehen, nicht am Gesicht, nicht an seinem Gang, nicht an der vertrauten Gestalt, sondern in der Gemeinschaft des Brotbrechens. Alle Merkmale seiner vorösterlichen menschlichen Existenz sind unwichtig geworden. Wichtig ist nur, daß dieser Jesus noch da ist, wichtig ist, daß der Sohn Gottes auch jetzt nach der Auferstehung noch Mensch ist, und entscheidend ist, daß dieser auferstandene „neue Mensch" immer dann bei ihnen ist, wenn sie das tun, was er sie gelehrt hat. Fällt ihnen an diesem Abend in Emmaus vielleicht ein Wort ein, das er einmal zu ihnen gesagt hat: „Wo zwei oder drei in meinem Namen versammelt sind, da bin ich mitten unter ihnen"? –

Wie einfach die „biblische Geschichte" jetzt weitergehen müßte! Sie müßte davon erzählen, daß er jetzt, nachdem sie endlich wußten, wer der dritte war, bei ihnen blieb, die ganze Nacht, um sie zu bestärken, daß er auferstanden ist. Nein, so etwas erzählt die biblische Geschichte nicht. Wieder leuchtet das Licht des Geistes „dahinter". Es heißt, fast schockierend: „Dann sahen sie ihn nicht mehr."

Glücklicherweise hat die neue Bibelübersetzung diese Stelle sehr sorgfältig übersetzt. In früheren Übersetzungen hieß es mißverständlich: „Und er entschwand ihren Blicken." Man stelle sich das vor! Endlich gibt er sich zu erkennen – und statt ihnen das Glück des Wiedersehens zu gönnen, verschwindet er! Da wandert er einen ganzen Tag mit ihnen, und jetzt, als sie endlich wissen, wer er ist, bleibt er nicht einmal „ein Viertelstündchen".

Es liegt nahe, als Leser der Bibel so enttäuscht zu reagieren. Aber das wäre wieder eine billige, oberflächliche Lektüre. Was der Geist uns hier sagen will, ist entscheidend für uns Christen nach Ostern. Denn es heißt ja genau übersetzt: „Dann sahen sie ihn nicht mehr." [2] Was bedeutet das aber? Das heißt doch ganz und gar nicht, daß er weg war. Nicht mehr zu sehen! Das genau ist ja unsere nachösterliche Situation! Für uns alle, die nach Ostern leben, gilt: Seine bisherige Menschengestalt ist nicht mehr zu sehen. Sie kann – ja sie darf gar nicht mehr zu sehen sein; wie hätte er denn sonst bei uns bleiben können! Jetzt muß es etwas geben, was uns seine ständige Gegenwart garantiert. Unabhängig von Zeit und Raum. „Wo zwei oder drei in meinem Namen versammelt sind . . ." Das ist nicht an irgendeine geschichtliche Zeit gebunden, das ist gebunden an die Menschen, die an die Auferstehung glauben und sich im Namen des Aufer-

[2] Noch genauer: ἀφαυτος ἐγένετο – „er wurde unsichtbar" (Lk 24, 31).

standenen, d. h. in Glaube und Liebe, versammeln. Und solche Menschen wird es geben, solange es überhaupt Menschen gibt auf dieser Welt. Das ist die Gegenwart des Auferstandenen „im Geist", im Heiligen Geist. Nicht zu verwechseln mit einer „geistigen" Gegenwart. Wenn Jesus Christus für die Zeit nach seiner Auferstehung den Heiligen Geist versprochen hat, dann ist dies seine eigene menschliche Gegenwart in neuer Weise. Jesus legt sehr großen Wert darauf, dem Irrtum entgegenzutreten, er sei ein Geist. Das wird uns gleich nach der Emmaus-Erzählung bei Lukas gesagt. Denn auch in Jerusalem steht Jesus plötzlich mitten unter den Jüngern. „Sie erschraken und hatten große Angst, denn sie meinten, einen Geist zu sehen."

Jesus wehrte sich massiv gegen eine solche Vermutung und antwortet: „Seht meine Hände und meine Füße an: Ich bin es selbst. Faßt mich doch an, und begreift: Kein Geist hat Fleisch und Knochen, wie ihr es bei mir seht. Bei diesen Worten zeigte er ihnen seine Hände und Füße" (vgl. Lk 24, 36–41).

Es ist für unser Christsein lebenswichtig, daß wir den Heiligen Geist nicht einfachhin gleichsetzen mit einem „Geist", d. h. mit einem Wesen, das völlig körperlos und immateriell ist. Hier geht es um mehr! Es ist der Geist des auferstandenen Herrn, der bei uns bleibt alle Tage bis zur Vollendung der Welt. Jener „Heilige Geist", das Pneuma, mit dem an Pfingsten alle erfüllt wurden (vgl. Apg 2, 4).

Mancher Theologe hat sich gestoßen an der unbekümmerten Aussage der Heiligen Schrift: „Der Herr aber ist der Geist, und wo der Geist des Herrn wirkt, da ist Freiheit" (2 Kor 3, 17). Ohne die dogmatisch einwandfreie Lehre der einen göttlichen Natur in den drei göttlichen Personen anzutasten, halten wir uns schlicht an den Auferstandenen, der seinen Jüngern klarmacht, daß er ein Mensch mit Fleisch und Blut ist und bleibt, sich aber dann doch ihrer gewohnten Sehfähigkeit entzieht. Der „Geist des Herrn" ist und bleibt der Geist des menschgewordenen Herrn, daher kein „purer" Geist. Er ist nicht „nur" Geist. Der auferstandene Herr bleibt Mensch mit einer neuen, neu-artigen Körperlichkeit. So kann im zweiten Korintherbrief der Heilige Geist identifiziert werden mit dem auferstandenen Herrn. So bleibt er bei uns, so lebt und wirkt der erhöhte Herr mitten unter uns, sichtbar und greifbar in heiligen Zeichen, in den Mysterien, wie wir noch sehen werden, in neuer Weise sichtbar und greifbar, wie am Tisch von Emmaus.

b) Maria Magdalena (Joh 20, 11–18)

Wie sorgsam werden in den Ostererscheinungen die Freunde Jesu zu nachösterlichen Menschen erzogen! Man könnte diese nachösterliche Frühzeit auch als eine Schulung bezeichnen, in der die Jünger angeleitet werden, Christus in neuer Weise zu begegnen. Eine Schulung für den Gottesdienst und für den Dienst am Menschen. Sie sind ja die ersten, die das „Mysterium" begreifen mußten. Es dauert noch eine Weile, bis ein Papst Leo der Große sagen kann: „Das am Herrn Sichtbare ist in die Mysterien übergegangen" (Sermo 74, 2).
Was wir bei der Emmaus-Erzählung erlebt haben, wiederholt sich auch in der Geschichte von Maria Magdalena. Sie steht im Johannes-Evangelium und gibt uns wieder den notwendigen „Einblick" in den Sinn der Auferstehung.
Magdalena weint am leeren Grab. Da sieht sie einen Mann und meint, es sei der Gärtner. Noch hat dieser Mann nichts gesprochen. Sie sieht ihn und erkennt Jesus nicht. Warum nicht? könnte man ähnlich fragen wie in der Emmaus-Geschichte. Dort hat der Fremde gesprochen – lange – einen ganzen Tag lang – und blieb noch

immer unerkannt. Hier sagt er nur ein Wort, und dieses Wort genügt. Er nennt ihren Namen: „Maria".

Dort in Emmaus war es die Gemeinschaft und das Brechen des Brotes. Hier ist es das Wort. Im Wort kommt der Auferstandene auf sie zu. Er spricht sie an. Gott spricht zum Menschen, und er meint ihn ganz persönlich: „Fürchte dich nicht, denn ich habe dich befreit, ich habe dich beim Namen gerufen, du bist mein" (Jes 43, 1).

Das Wort, mit dem er sie ansprach, war er selbst. Mit diesem „anspruchsvollen" Wort kommt er selbst zu ihr. In diesem Wort spricht ER sich aus. Jetzt geht das in Erfüllung, was wir im gleichen Johannes-Evangelium lesen: „Die Worte, die ich zu euch gesprochen habe, sind Geist und sind Leben" (Joh 6, 63).

Wieder ist es dieser Heilige Geist, der mit dem Wort den Menschen trifft und in ihn eindringt. Das war ein „eindringliches" Wort, und Maria Magdalena hat ihn daran erkannt.

Nun ging es ihr ähnlich wie den Emmaus-Jüngern. Als diese ihn erkannt hatten, „sahen sie ihn nicht mehr". Er wollte ja nicht, daß sie die Auferstehung falsch deuten. Sie sollten nicht meinen, nun sei er wieder da, so wie sie ihn vorher gekannt hatten mit seiner menschlichen Gestalt. Nein, jetzt wußten sie ja, daß er in anderer Gestalt bei ihnen ist, viel näher als früher.

Als Maria Magdalena ihn erkennt, wird er nicht sofort unsichtbar wie in Emmaus. Er läßt zu, daß sie ihn anfaßt, ihn umklammert, ihn festhalten will. Aber er erklärt ihr: „Halte mich nicht fest; denn ich bin noch nicht zum Vater hinaufgegangen" (Joh 20, 17). Man muß diesen Satz zwei-, dreimal lesen, weil er nicht leicht ist. Da stimmt doch etwas nicht! Müßte das nicht anders heißen? Vielleicht so: Halte mich nicht fest, denn ich will doch zu meinem Vater auffahren! Nein, tatsächlich will Jesus, daß sie ihn festhält, er will ihr auch in Zukunft nahe sein. Doch das ist nur möglich, wenn sie ihn nicht jetzt festhält, wenn sie ihn nicht so festhalten will, wie sie ihn kennt, wenn sie sich nicht an seine gewohnte Menschengestalt klammert. Aber wenn er zum Vater „hinaufgegangen" ist, dann wird er bei ihr sein, viel näher, als sie es ahnen kann. Denn „beim Vater sein" heißt für Jesus: „drüben" sein, drüben am anderen Ufer, an der anderen Seite des Abgrunds, dort, wohin er nicht nur selbst gegangen ist, sondern wohin er die Menschen und die ganze Welt mitgenommen hat (vgl.: 6. Er stirbt, um zu leben, S. 32).

Alles, was uns hier von den Emmaus-Jüngern, von Maria Magdalena und auch von Thomas berichtet wird, ist göttliche Hilfestellung, die nachösterliche Situation zu begreifen.

Sie sollten, sie mußten das „Pascha" begreifen, den „Hinübergang" ins neue Leben durch das Opfer des Kreuzes. In allen Erscheinungsberichten erfahren wir darum so eindringlich, daß jetzt ein neues Leben beginnt, ein Leben mit Christus, das intensiver ist als vorher. So intensiv, daß es für Paulus selbstverständlich ist: Wer an die Auferstehung glaubt, der ist bereits mit Jesus beim Vater. Das ist eine Gottesnähe, die vorher nicht möglich war. Die Ostererscheinungen mußten eines Tages aufhören. Der Christus in Menschengestalt wurde unsichtbar: Christi Himmelfahrt! Und von da an lebt er „zur Rechten des Vaters" und zugleich mitten unter uns, ja sogar in uns: „An jenem Tag werdet ihr erkennen: Ich bin in meinem Vater, ihr seid in mir, und ich bin in euch" (Joh 14, 20).

Alle diejenigen werden dies erkennen, die an die Auferstehung glauben.

Papst Johannes Paul II. betont in seiner ersten Enzyklika „Redemptor hominis", daß Christus mit jedem Menschen verbunden ist. Dort heißt es wörtlich: „Jeder Mensch ohne jede Ausnahme ist von Christus erlöst worden. Christus ist mit jedem Menschen ohne Aus-

nahme in irgendeiner Weise verbunden, auch wenn sich der Mensch dessen nicht bewußt ist." [3]
In der Meditation der nachösterlichen Berichte kann es uns wieder neu bewußt werden: Die Verbindung mit dem menschgewordenen Gott ist nicht gerissen, als er in den Himmel „zurückkehrte". Im Gegenteil, er ist uns näher als je zuvor.

c) Der ungläubige Thomas (Joh 20, 24–29)

Thomas könnte für den auferstandenen Christus sozusagen der schwierigste Fall sein. Diesen kritischen Zweifler schert es nicht, daß ihm bereits mehrfach versichert wurde: Der Herr ist auferstanden. Er will einen handgreiflichen Beweis. Das spricht er sehr massiv aus: „Wenn ich nicht die Male der Nägel an seinen Händen sehe und wenn ich meinen Finger nicht in die Male der Nägel und meine Hand nicht in seine Seite lege, glaube ich nicht" (Joh 20, 25b). Thomas will die vertraute Gestalt des Herrn und kein Phantom oder eine fromme Illusion. Deswegen seine realistischen Wünsche. Die Absicht des Herrn, diese fast anmaßenden Wünsche zu erfüllen, ist wohl das eindrucksvollste Zugeständnis Christi in diesen nachösterlichen Tagen: „Streck deinen Finger aus – hier sind meine Hände! Streck deine Hand aus und leg sie in meine Seite, und sei nicht ungläubig, sondern gläubig!" (Joh 20, 27).
Der Wunsch soll also erfüllt werden, aber zugleich zeigt ihm der Herr den neuen Weg, der über die normalen Erkenntnisse hinausgeht. Darum: „Selig sind, die nicht sehen und doch glauben", wobei die wörtliche Übersetzung heißen müßte: „Selig sind die nicht Sehenden und Glaubenden" (Joh 20, 29b).

[3] Redemptor hominis – Ausgabe: Sekretariat der Deutschen Bischofskonferenz, Verlautbarungen des Apostolischen Stuhles, Heft 6, S. 28.

Das ist die Aufforderung des Auferstandenen an den gläubigen Menschen. Wer seine menschlichen Sinne, seine Augen und Ohren, sein Tasten und Greifen als einzige Möglichkeit betrachtet, die Welt zu „er-fahren", der wird nicht „selig". Er muß vielmehr die Vorhänge aufreißen, mit denen die Fenster seiner Sinne verhangen sind. Dann wird er vordringen in die Welt Gottes. So wird der gläubige Mensch fähig, ohne Verlust, vielmehr mit höchstem Gewinn über den eigenen Schatten der Sinne und der üblichen Kategorien zu springen und eine neue Welt zu erobern. Diese Fähigkeit geht weit über Sehen, Hören, Tasten hinaus. Das ist der Glaube, der nicht denkbar ist ohne das Ja zur Pascha-Wandlung, d. h. zur Umwandlung des Todes in das neue Leben. Es ist der Osterglaube, ohne den unsere Verkündigung hinfällig wäre: „Ist aber Christus nicht auferweckt worden, dann ist unsere Verkündigung leer und euer Glaube sinnlos" (1 Kor 15, 14).

„Biblische Geschichten" aus den Tagen nach Ostern sind mehr als „Wundergeschichten", sie sind Heilsberichte, in denen die Absicht Christi deutlich wird, die Menschen hinzuführen zu einer Kommunikation mit ihm, die völlig neu und ungewohnt ist, die aber gleichzeitig auch zu einer vertieften, ungleich engeren Gemeinschaft führt, als jede menschliche Gemeinschaft es sonst vermag. Das ist der „neue Bund" Gottes mit den Menschen ein für allemal!

10. Ihr seid bei mir

„Und ich, wenn ich über die Erde erhöht bin, werde alle zu mir ziehen" (Joh 12, 32).

„Über die Erde erhöht." Das ist der Tod am Kreuz, jener besondere Tod Jesu, der uns immer wieder beschäftigt. Ein Tod, der zum Tiefpunkt der Erniedrigung führt, jener

Selbstentäußerung, mit der Gott sein irdisches Leben begonnen hat und der zugleich Erhöhung ist. „Darum hat ihn Gott über alle erhöht und ihm den Namen verliehen, der größer ist als alle Namen" (Phil 2, 9).
Der Tod wird zur Erhöhung, und wenn wir von dem „erhöhten Herrn" sprechen, dann meinen wir den Christus, der im Tod erhöht wird, der durch den Tod ins Leben geht. So könnte man diesen Christus den „Pascha-Christus" nennen, weil es nicht genügt zu sagen: Er ist der Gekreuzigte, und weil es ebensowenig genügt zu sagen: Er ist der Auferstandene. Nein, er ist und bleibt der durch den Tod ins Leben Gehende. Er ist und bleibt der menschgewordene Gott, der Tod und Leben in sich selbst verbindet. Der sozusagen unaufhörlich die Wandlung des Todes in das neue Leben mit sich bringt – an sich trägt. Er „hat es an sich", Tod in Leben zu verwandeln. Das ist der Pascha-Christus, der sagen kann: Am Kreuz erhöht, werde ich alle zu mir ziehen. Das gilt also nicht nur für ihn selbst. Die Kreuzerhöhung, das Pascha, diese Wandlung vom Tod zum Leben, gilt der ganzen Menschheit. „Ich werde alle zu mir ziehen." So darf ich fragen: Wie nahe ist mir Christus, wie nahe bin ich ihm?
Es war gewiß für die Zeitgenossen Jesu unvergeßlich, mit ihm zusammen leben zu dürfen. So jedenfalls kommt uns das vor. Andererseits ist uns bekannt, daß sogar seine Jünger letztlich doch wenig von ihm wußten bis zu den Tagen nach Ostern, an denen er ihnen durch seinen Heiligen Geist ein-gab, wer er wirklich war. Dann erst war er ihnen nahe, so nahe, daß er nicht mehr wie ein Mitmensch neben ihnen herging, sondern so nahe, daß er „in" ihnen lebte.
Er lebt „in" uns! Kann man das wörtlich nehmen? Vielleicht müßte man beifügen, das sei im übertragenen Sinn gemeint. „Übertragen" braucht ja keine Abschwächung zu sein. „Übertragen", das könnte bedeuten: Eigentlich ist das, was ich dir sagen will, unaussprechlich – unsag-

bar! Alle Worte, die ich dafür erfinde, stehen sozusagen noch vor der Tür dieser Wirklichkeit. Sie können die Wirklichkeit nicht ganz erreichen, weil es dafür keine Worte gibt. Es gibt nur Versuche, das, was gemeint ist, mit Worten auszudrücken. Wenn ein junger Mann zu seiner Braut sagt: „Du bist mein Engel", dann denkt er gewiß nicht an jene Geschöpfe Gottes, von denen wir sprechen, wenn wir die Engel im Himmel meinen, zumal der verliebte junge Mann von den Engeln im Himmel wahrscheinlich ganz falsche Vorstellungen hat. Aber die so Angeredete freut sich doch, sein „Engel" zu sein, weil sie weiß, daß er im Augenblick kein besseres Wort findet, um seiner Liebe Ausdruck zu verleihen. Sie weiß, daß die Kraft seiner Liebe weit hinausreicht über das Wort Engel, das er nur als Hilfswort gebraucht hat.

Sicher übersteigt auch die Beschreibung der Verbindung mit Christus jedes Beispiel menschlichen Zusammenseins. Auch hier versagen die Worte. Christus will ja nicht nur, daß wir bei ihm sind, sozusagen bei ihm zu Besuch, sondern er möchte, daß wir teilnehmen an seinem göttlichen Leben, daß wir das Glück seiner Erhöhung ebenso erfahren wie er. Seine Erhöhung steht jedoch in unlöslichem Zusammenhang mit der Erniedrigung. Kreuz und Auferstehung gehören zusammen. Bei Christus sein heißt das Schicksal Jesu auf sich nehmen, den ganzen Weg mit ihm gehen. Eine harte Bedingung! Kann man sie nicht umgehen? Warum will Jesus das so? Müßte man von ihm nicht Großzügigkeit erwarten, daß er uns teilnehmen läßt am Ergebnis seiner Leiden und nicht kleinlich von uns verlangt, so wie er selbst auf dem Weg über das Kreuz zur Auferstehung zu kommen?

Wir können die Antwort leicht finden, wenn wir uns erinnern, daß Kreuz und Auferstehung vom Augenblick des historischen Karfreitags an nicht mehr zwei Stationen sind, sondern untrennbar zusammengehören. Das kann vielleicht auch der Schlüssel sein für die Bewältigung des Lebens. Es gibt kein Menschenleben ohne Last, ohne Schatten, ohne Mühe und Sorge, ohne Not und manchmal Verzweiflung. Warum ist das so? Eine Frage, die man sich kaum getraut zu stellen, weil sie gestellt wird, solange es Menschen gibt, und weil man fürchten muß, mit diesem Problem hoffnungslos einzubrechen, weil es offenbar nicht zu lösen ist. Viele resignieren mit dem Ergebnis: Das Schwere und Sinnlose im Leben läßt sich nicht erklären. Zum Schluß ist „alles aus". „Wir leben, um zu sterben."

Nach allem, was über Kreuz und Auferstehung gesagt wurde, können wir jetzt behaupten: Jesus Christus hat diesen Satz umgedreht. Jetzt heißt er: Wir sterben, um zu leben. Man könnte aber immer noch fragen: Warum hat er es nicht noch besser gemacht, etwa so: „Wir leben, um zu leben"? Warum denn überhaupt noch sterben, warum ist er selbst denn gestorben? Wäre er ohne Tod hinübergegangen ins glückliche Leben der Auferstehung, hätten wir ihm doch ebenso, auf die gleiche Weise, folgen können. Er hätte die ganze Unglückseligkeit dieser Welt wegnehmen können, er hätte uns sogar diesen Hindurchgang durch den Tod ersparen können.

Die Antwort auf diese Frage, die schon von unzähligen Menschen gestellt wurde, kann mit einem einzigen Wort gegeben werden, wenn man dieses Wort zurückführt auf seine ursprüngliche Bedeutung, wenn man es reinigt von aller Abnutzung, der es ständig ausgesetzt ist. Dieses Wort heißt Liebe. Man müßte es sofort erklären. Vielleicht ein zweites Wort dazufügen – oder wenigstens mit anderen Worten sagen, was mit Liebe gemeint ist. Sicher hat Liebe in der ursprünglichen Bedeutung etwas zu tun mit der Absicht: „für den anderen da sein". Im Johannes-Evangelium wird das als Jesus-Wort überliefert: „Es gibt keine größere Liebe, als wenn einer sein Leben für seine Freunde hingibt" (Joh 15, 13).

Sein Leben hingeben, darauf scheint es doch anzukommen. Nicht einfach hinnehmen. „Geben ist seliger als nehmen." Das gilt auch hier. Und wenn wir von Christus ein Leben entgegennehmen, wenn wir das Leben der Auferstehung hinnehmen, dann eben deshalb, weil er es zuerst hingegeben hat aus Liebe.

Neues Leben kommt aus der Liebe, aus dem „für den anderen da sein". Gott gibt sein Leben hin. Das tut er ja unaufhörlich. Unser Gott ist in sich selbst ein dreifaltiger Gott, der ständig sein Leben hingibt, weil es in Gott selbst nur Liebe, unendliche Liebe gibt. Unser Gott ist in sich selbst so groß, daß er diese unendliche Liebe in sich selbst wieder auffangen, entgegennehmen kann. Ein innergöttlicher Prozeß, den wir nur ahnen können.

Dieser Gott ist „aus sich heraus gegangen", hat die Menschheit angenommen und hat dieses ganze Menschenleben von Anfang an „hingegeben". Diese Hingabe wurde sogar eine freiwillige Hingabe im Tod. „Gott hat die Welt so sehr geliebt, daß er seinen einzigen Sohn hingab" (Joh 3, 16a). So hat Gott den Menschen gezeigt, daß der Sinn des Lebens darin besteht, das Leben „hinzugeben". Und der Höhepunkt seines Lebens, das Kreuz, ist das Vorbild für uns alle, daß der Mensch wirklich lieben kann und daß die Liebe im Hingeben besteht. Das glückliche Hinnehmen, d. h. das Entgegennehmen eines glücklichen Lebens ist eng verkoppelt mit der liebenden Hingabe eines Lebens, das in vielen Forderungen auf uns zukommt, um uns Gelegenheit zur Liebe zu geben, Gelegenheit, für andere da zu sein, Gelegenheit, eigene Not und eigenen Kummer hinzugeben, sich um andere zu „kümmern" und nicht im eigenen Kummer aus Angst vor der Sinnlosigkeit des Lebens zu „verkümmern".

So kann die Lösung für das Leid in der Welt nur vom dreifaltigen Gott kommen, dessen innergöttliche Hingabe sich in Christus am Kreuz manifestiert. So kann einer das Leid nur dann bewältigen, wenn er es in Verbindung bringt mit der Kraft des Kreuzes Christi. Im Kreuz Chri-

sti wird sein eigenes Leben mit verwandelt. Man müßte es versuchen, ein Leben lang sein Leben „hinzugeben" mit Christus, dann kann man ebenso ein Leben lang von Christus jenes Leben entgegennehmen, das den Sinn des Lebens aufschließt.
Die Verbindung mit dem Kreuz wird immer zur Wandlung vom Tod ins Leben. So ist unser Leben tatsächlich eng verknüpft mit Christus, deutlicher noch: mit dem Schicksal Christi. Er ist bei uns, wir sind bei IHM. Wer sich aufraffen kann, sein Ja zu sagen zum Kreuz, von dem er weiß, daß es die Quelle des Lebens ist, der ist auf dem besten Weg, sein Leben zu meistern.

11. Wir gehören zueinander

Jesus Christus ist für alle gestorben. Keiner ist ausgeschlossen. Jedem ist das Heil geöffnet, das vom Kreuz kommt. In die Wandlung, die am Kreuz vor sich gegangen ist, die Wandlung des Todes zu ewigem Leben, sind alle Menschen mit hineingenommen, ja die ganze Welt. Aber nicht allen Menschen ist dies bewußt. [4]
Hier könnte sofort die Frage auftauchen: Was passiert mit denen, denen das alles während ihres ganzen Lebens nicht bewußt wird? Leicht entsteht aus dieser Überlegung ein religiöses Klassenbewußtsein. Die einen, das sind die Gläubigen, das sind diejenigen, die zur Kirche gehören. Sie kommen in den Himmel. Die anderen, das sind die, die nicht glauben, die nicht zur Kirche gehören. Sie kommen nicht in den Himmel. Hier zeigt sich eine weitverbreitete Meinung, die Religion und Christentum nur unter dem Aspekt einer Lebensversicherung und einer Rettung für den Himmel betrachtet. Sicherlich ist die Kirche die Gemeinschaft der Gläubigen. Ihre Sonderstel-

[4] Vgl. Johannes Paul II., Enzyklika „Redemptor hominis", a.a.O.

lung besteht nun aber nicht darin, daß ihre „Mitglieder" einen Garantieschein für den Himmel besitzen oder nur in dieser Gemeinschaft erwerben können. Damit gäbe es tatsächlich eine außenstehende Klasse von Menschen, die keine Hoffnung haben könnten auf ein seliges Weiterleben nach dem Tod.
Vielleicht hat tatsächlich mancher, der dieses Buch liest, längst gedacht: Alles gut und schön, aber was nützt es mir, wenn ich kein gläubiger Christ bin?
In unseren Überlegungen geht es nicht in erster Linie um die Frage: Wer wird nach dem Tod „gerettet" oder wer nicht? Wir stellen die Frage nach Jesus Christus, der auf die Welt gekommen ist und der hier und jetzt in seiner Kirche weiterlebt. Das ist zunächst die Frage nach der Gegenwart. Die Aussicht auf Zukunft ist darin enthalten. Deshalb wollen wir jetzt, ohne zunächst die Frage einer „himmlischen Zukunft" zu berühren, von jener Gemeinschaft sprechen, die sich Kirche nennt. Kirche als Ecclesia, auf deutsch: „herausgerufen" aus allen anderen, um mit der Kraft Christi die Frohe Botschaft von der Menschwerdung und von der Auferstehung in die Welt hineinzurufen.
Diese Gemeinschaft der Kirche unterscheidet sich nicht deshalb von allen anderen Gruppen, Gemeinschaften und Vereinen, weil sie die größte Religionsgemeinschaft der Welt ist, weil sie vorbildlich gegliedert ist und an ihrer Spitze Männer stehen, die von der ganzen Welt beachtet werden. Die Verbindung reicht tiefer. Wenn man einen Gottesdienst besucht, hört man immer häufiger zu Beginn der Predigt die Anrede: Schwestern und Brüder. Und am Anfang der Meßfeier sprechen wir ein Gebet, in dem wir unsere Sünden und Fehler bekennen, die wir gegen Gott und den Mitmenschen begangen haben: „Ich bekenne Gott, dem Allmächtigen, und allen Brüdern und Schwestern, daß ich Gutes unterlassen und Böses getan habe." Brüder und Schwestern! So nennt man sich unbe-

denklich (hoffentlich nicht gedankenlos) in den Gottesdiensten, obwohl die meisten Besucher sich nicht kennen. Ist das vielleicht doch eine fromme Übertreibung? Andererseits, so ganz ungewöhnlich ist diese Anrede ja nicht. Wenn es „Kegelbrüder" und „Kegelschwestern" und „Geschwister" vieler anderer Sorten gibt, sollte man ruhig an die oberste Spitze jene Brüder und Schwestern setzen, die sich zu Jesus Christus bekennen. Das wäre leicht zu begreifen. Sicher ist es nicht falsch, und viele werden sich nicht wundern, wenn sie im Gottesdienst so angeredet werden. Es kann aber auch sein, daß diese Anrede „Schwestern und Brüder" Unbehaglichkeit hervorruft, denn „schließlich bin ich ja nicht sein Kegelbruder", und echte brüderliche oder schwesterliche Gefühle kann man ja wohl nicht verlangen einem Nachbarn gegenüber, den ich nicht kenne, der mir auch noch durch sein ständiges Husten geradezu auf die Nerven fällt.
Auch hier gilt wieder: Man muß die Bedeutung dieser Anrede noch wörtlicher nehmen, als sie sich anhört. Es geht ja um die Menschen, die an Jesus Christus glauben. Menschen, die seinen Tod und seine Auferstehung ernst nehmen. Menschen, die mit dem Schicksal Jesu Christi eng verbunden sind. Diese Verbindung mit Jesus Christus ist enger als jede menschliche Verbindung.
Darum kann man sagen: Alle, die zu Christus gehören, gehören auch zueinander. Es ist tatsächlich ähnlich wie in einer Familie, nur noch intensiver. Dort spricht man von den „Banden des Blutes". Die Kinder sind durch dasselbe Leben mit den Eltern verbunden. Die Kirche ist mehr als eine große Familie. Die Kirche ist Jesus Christus selbst. Der hl. Paulus will diese Verbindung zwischen Christus und den Christen erklären, und er findet hierfür ein Bild, einen Vergleich aus dem menschlichen Leben. Er spricht vom menschlichen Leib. „Christus ist das Haupt des Leibes, der Leib aber ist die Kirche" (Kol 1, 18).

„Denn wie der Leib eine Einheit ist, doch viele Glieder hat, alle Glieder des Leibes aber, obgleich es viele sind, einen einzigen Leib bilden: so ist es auch mit Christus" (1 Kor 12, 12). Man fragt sich unwillkürlich, ob das nicht doch eine Art fromme Schwärmerei ist. Man möchte rufen: Das gibt es doch gar nicht! Es kann doch nur so sein, daß es einen Christus gibt, und zu ihm bekennen sich viele Christen. Ja, tatsächlich – so müßte es sein –, so wäre es, wenn man Christus einordnen könnte in die Reihe anderer Religionsstifter, wie etwa Mohammed oder Buddha. Aber vergessen wir nicht, was nach Ostern geschehen ist. Wie war es doch in Emmaus? „Dann sahen sie ihn nicht mehr." Aber er war *doch* da. Er war da, weil seine Jünger da waren. Er hat einen neuen Leib, d. h. eine neue Art und Weise, da zu sein. Und er will menschlich da sein. Er will da sein in den Menschen und durch die Menschen, die sich auf dieser Welt in seinem Namen zusammentun. Die vielen Menschen, die auf dieser Welt zur Kirche gehören, sind deshalb keine Mitglieder eines Vereins, sondern Glieder seines Leibes. „Leib", das ist die schon besprochene neue menschliche Existenzweise. Dieser weiterlebende Christus „setzt sich gewissermaßen zusammen" (beachte die Mehrdeutigkeit) aus seinen Gläubigen. Darum ist die Kirche nicht in erster Linie eine Organisation, sondern ein Organismus. Sie wird zusammengehalten von den „Banden des Blutes" von dem weiterlebenden, auferstandenen, erhöhten Herrn. Das „innerste" Lebenselement Gottes wird wirksam in diesem lebendigen Christus. Und dieses Element, dieses Leben des auferstandenen Christus, ist der Heilige Geist.

Man kann das nicht beweisen – natürlich nicht. Man kann hinweisen auf zweitausend Jahre Geschichte einer Gesellschaft, die normalerweise längst untergegangen wäre, wenn man alle Beben zusammenzählt, von denen sie schon erschüttert wurde. Man kann auf Fakten hin-

weisen, bei denen selbst Ungläubige sich fragen: Was geht da vor? Ein solch ungewöhnliches Geschehen war sicher das Drei-Päpste-Jahr 1978. Aber es wäre töricht, wollte man mit solchen Hinweisen versuchen zu beweisen, was da wirklich vor sich geht. Im Johannes-Evangelium sagt Jesus selbst: „Ich bin der Weinstock, ihr seid die Reben. Wer in mir bleibt und in wem ich bleibe, der bringt reiche Frucht; denn getrennt von mir könnt ihr nichts vollbringen" (Joh 15, 5).
Wieder ein Bild, ein Gleichnis. Aber doch im Grund genau dasselbe wie das Bild vom Leib. Die zu Christus gehören, sind lebendig miteinander verbunden. Man kann dies in menschlicher Ausdrucksweise nur einen Organismus nennen. Aber da müssen die Worte ja versagen, weil es über das Sagbare hinausgeht und darum noch viel realistischer ist als alles, was man sagen kann. Diese Beispiele sind übrigens nicht nur so gelegentlich gefundene Rosinen in der Heiligen Schrift. Paulus und die Christen der ersten Jahrhunderte waren davon erfüllt und haben ganz davon gelebt. Im Brief an die Galater schreibt Paulus von den Getauften: „Es gibt nicht mehr Juden und Griechen, nicht Sklaven und Freie, nicht Mann und Frau; denn ihr alle seid *einer* in Christus Jesus" (Gal 3, 28). „Einer", sagt Paulus, nicht etwa: Ihr seid eins in Christus. Ganz deutlich ist das in der griechischen Sprache unterschieden. Das ist so ungewöhnlich, daß noch vor wenigen Jahren alle Bibelübersetzungen, rational viel einleuchtender, übersetzten: „Denn ihr alle seid eins in Christus Jesus."

Ähnlich ruft Augustinus seiner Gemeinde zu: „Beglückwünschen wir uns, danken wir, daß wir nicht nur Christen geworden sind, sondern Christus. Versteht ihr, Brüder, die Gnade Gottes, des Hauptes, über uns? Bewundert und freut euch: Christus sind wir geworden. Wenn nämlich er das Haupt ist, sind wir die Glieder; das ist der ganze Mensch... Was ist Haupt und Glieder? Christus und die Kirche." [5]

„Das ist der ganze Mensch", sagt Augustinus. Es ist der neue Mensch, der seit der Auferstehung für die Welt da ist. Heutzutage hört man das vielzitierte Wort: „Christus ja, Kirche nein." Man weiß, daß hinter diesem Wort manche Enttäuschung steht, manche unerfüllte Erwartung, aber auch manche nichtverstandene notwendige Entscheidung der Kirche. Aber letztlich ist dieses Wort: „Christus ja, Kirche nein" in sich widersinnig und paradox. Wenn Christus selbst in den Gliedern seiner Kirche durch diese Welt geht, dann kann man Christus und Kirche überhaupt nicht auseinandernehmen. Wer zu Christus gehört, gehört auch zur Kirche. Kirche, das ist die Lebensgemeinschaft mit Jesus Christus. Dazu gehören nicht nur die fehlerlosen und die sündenlosen Menschen, die gibt es ja gar nicht. Was würde mit dem einzelnen passieren, wenn er sich lossagt von der Kirche? Er würde sich lossagen von Christus. Es gibt keinen Christus neben der Kirche. Man kann nicht zu Christus gehören, ohne gleichzeitig zur Kirche zu gehören. Und wenn einer sagt: Ich gehöre zu Christus, dann bekennt er sich – ohne daß er es vielleicht will oder auch obwohl er es ausdrücklich abstreitet – zur Kirche. Wer den Mut hat und das Zugeständnis macht, daß auch er ein unvollkommenes Glied der Kirche ist, wird in den Vertretern der Kirche keine Übermenschen suchen. Eines aber wird er finden und entdecken: er ist verbunden mit der Lebensquelle, von der ihm die Kraft und die Sicherheit kommt, sein Leben – wie wir gesehen haben – hinzugeben mit Christus. Der Pascha-Christus wird auch für seine Kirche und für jeden einzelnen in ihr der Christus sein, der Unvollkommenheit und Schwachheit verwandelt, weil auch

[5] Vgl. Joh tract. 21, 8. PL 35, 1568 (von Paul VI. in seiner Enzyklika „Ecclesiam suam" wörtlich zitiert).

die Kirche, solange sie in der Begrenztheit dieser Welt lebt, d. h. auf Pilgerschaft, immer neu die Wandlung braucht zum Leben in Christus.
Die Kirche wird so der geheimnisvolle Leib Christi genannt. Das lateinische Wort heißt: „Corpus Christi mysticum." Hier taucht nun das Wort Mysterium auf. Mysterium, dieses Wort wird uns jetzt helfen, hinzufinden zu den sichtbaren Zeichen, in denen wir Kirche und Christus finden können. Denn darum geht es ja dem auferstandenen Herrn: Er bleibt Mensch in dieser Welt. Also wird er sich auch durch Menschen und in menschlicher Weise zeigen. Wir können ihn sehen, wir können ihn erfahren, wir können ihn erleben, wenn wir uns den Mysterien nicht verschließen.

12. In geheimnisvollen Zeichen

Wie das klingt: „In geheimnisvollen Zeichen"! Nehmen wir die Überschrift unseres 11. Kapitels hinzu, dann heißt die Kombinierung dieser beiden Teile sogar: „Wir gehören zueinander in geheimnisvollen Zeichen." Sind wir, ist die Kirche etwa so etwas wie ein Geheimbund? Ich gebe zu, das Wort geheimnisvoll ist verdächtig. Wir dürfen es nicht verwechseln mit mysteriös. Der mystische Leib Christi ist nicht der mysteriöse Leib Christi. Nein, hier geht es zwar tatsächlich um das Mysterium, aber um ein Geheimnis Gottes. Hat Gott Geheimnisse? Hat Gott Geheimnisse vor den Menschen? Es wäre sein gutes Recht. Wahrscheinlich würde jedermann zugeben: Auch wenn ich nichts glaube, das eine ist klar – Gott ist so geheimnisvoll, daß ich ihn nicht verstehen kann.
Auch das Christentum ist eine „geheimnis-volle" Religion, d. h. eine Religion voller Geheimnisse. Wir sagen hierfür besser: Das Christentum ist eine Religion der Mysterien. Das Mysterium ist ein Geheimnis ganz eige-

ner Art. Ein christliches Mysterium ist ein Zeichen, mit dem Gott uns in sein Geheimnis einweiht. Gott ist ein geheimnisvoller Gott. Aber er ist nicht geheimnisvoll verborgen und unzugänglich geblieben. Gott ist im wahrsten Sinne des Wortes „aus sich herausgegangen".

Ganz ähnlich, wie wir das von Menschen sagen. Es gibt verschlossene Menschen, die man nie richtig kennenlernt. Und es gibt Menschen, die sind aufgeschlossen, sie gehen aus sich heraus.

Wenn wir die Redewendung: „Er ist aus sich herausgegangen" auf Gott anwenden, dann stimmt das ganz genau. Gott hat sich gezeigt, und wir wissen, wie er aus sich herausgegangen ist. Auf Gott kann man diese Redewendung wortwörtlich anwenden. Er kann „aus sich" herausgehen und doch sein „Ich" bleiben. Wenn er aus sich herausgeht, gibt er sich selbst nicht auf, und das, was von ihm „herauskommt", das ist nicht nur ein Stück, ein Teil, ein Abglanz, ein Schimmer, das ist er selbst. Nie hätte der Mensch das verkraftet, wenn Gott sich ihm so gezeigt hätte, wie er wirklich ist. Kein Mensch kann Gott schauen. Deshalb hat er den weiten Abgrund zum Menschen hin so überbrückt, daß er selbst Mensch geworden ist, ohne aufzuhören, Gott zu sein.

Gott hat also, als er aus sich herausging, sozusagen sein Geheimnis preisgegeben. Er stieg auf das Niveau des Menschen hinab, damit der Mensch ihn verstehen konnte. Wer will, kann sich damit begnügen, in Jesus von Nazaret einen gewöhnlichen Menschen zu sehen. Der Christ weiß, daß dieser Mensch Jesus von Nazaret Gottes Sohn ist. Gott ist gewissermaßen hinter diesem Jesus verborgen, doch nicht so, wie man sich eine Maske vorhält, um nicht erkannt zu werden. Das Menschsein Jesu ist keine Maske, hinter der sich Gottes Sohn verbirgt. Jesus muß also nicht die Menschenmaske hinwegnehmen, wenn sein Gott-Sein zur Auswirkung kommen soll.

Nein, sein Mensch-Sein selbst erhält die Kraft, göttliche Macht und göttliche Liebe auszustrahlen. So wird der Mensch Jesus zum Mysterium (lateinisch: zum Sakrament). Das Auge sieht den Menschen, der Glaube weiß um die Kraft des göttlichen Wirkens in diesem Menschen Jesus von Nazaret. Die besondere Eigenart des Mysteriums ist seine Einfachheit, seine Schlichtheit, seine Menschlichkeit. Sie sollte nie wieder rückgängig gemacht werden. Das, was in Jesus von Nazaret begonnen hat, sollte auch nach der Auferstehung weitergehen. Der Heilige Geist, der Geist des Vaters und des auferstandenen Christus, „bemächtigt" sich einfacher Zeichen, menschlicher Zeichen, in denen Jesus weiterlebt. Das gilt auch für jenes Miteinander und Zueinander zwischen Christus und den Christen.

Wir hatten uns gefragt: Wie eng, wie tief ist die Verbindung zwischen IHM und uns? Wir haben uns klargemacht, daß dieses Einswerden den Preis kostet, den er selbst am Kreuz bezahlt hat. Es geht auch für uns darum, an diesem Schicksal Jesu teilzuhaben. Bevor wir sein Auferstehungsleben entgegennehmen, müssen wir wie er auch unser Leben hingeben. Eine anspruchsvolle Forderung! Bevor sie Jesus Christus von uns und unserer eigenen Anstrengung erwartet, schenkt er sie uns im voraus. Das einfache Zeichen dafür ist das Wasser. Aus Wasser wird ein Mysterium. Die Kraft des Heiligen Geistes bemächtigt sich dieses Wassers, wie das Gebet in der Osternacht sagt: „Durch deinen geliebten Sohn steige herab in dieses Wasser die Kraft des Heiligen Geistes, damit alle, die durch die Taufe mit Christus begraben sind in seinen Tod, durch die Taufe mit Christus auferstehn zum ewigen Leben."

Das Wasser „zeigt" also: Es wird bei der Taufe zum Zeichen dafür, was mit dem Menschen geschieht. Er geht unter, er steigt hinab, er gibt sein Leben hin. Dann ist er ganz und gar vom Wasser umgeben. Außer Luft gibt es ja

nichts, was den Menschen ganz und gar umgeben kann. So wird das Wasser zum Zeichen für Christus; so wie der Neugetaufte im Wasser ist, so ist er in Christus. Ganz und gar von ihm umgeben, kommt er neugeboren aus dem Wasser der Taufe hervor.
Ein geheimnisvolles Zeichen, ja. Aber kein unverständliches Zeichen. Kein mysteriöses Zeichen. Nein, ein ganz einfaches Zeichen. Denken wir an das schon zitierte Wort Papst Leos des Großen: „Das am Herrn Sichtbare ist in die Mysterien übergegangen." Die Kraft des Herrn ist jetzt unsichtbar. Sichtbar aber und ganz einfach für jeden Menschen verständlich ist das Zeichen des Wassers. Wirksam ist es für den, der glaubt, der glaubt an Kreuz und Auferstehung, d. h. an das große Geheimnis, in dem alle Zeichen, die uns der Herr für den Gottesdienst geschenkt hat, Mysterien geworden sind.

Und was sagst du dazu?

Autor:
Du erinnerst dich, wir haben dieses letzte große Kapitel überschrieben: Der auferstandene Christus. Wir wollten fragen, was nach Ostern mit Jesus Christus geworden ist. Und eigentlich lief das Ganze darauf hinaus, zu zeigen, daß ihm alles darauf ankommt, bei den Menschen zu bleiben.

Leser:
Ja, das ist mir von Kind auf bekannt. Jesus sagt: „Ich bin bei euch alle Tage bis zum Ende der Welt" (Mt 28, 20).
Übrigens, da fällt mir ein: Warum sagt man eigentlich manchmal statt „Ende der Welt" „Vollendung der Welt"?

Autor:
Ich bin ganz froh, daß du diese Frage stellst, denn gemeint ist tatsächlich „Vollendung der Welt". Und das ist auch richtiger so, denn Ende der Welt weckt ja die Vorstellung, als würde die Welt einmal untergehen.

Leser:
Ja, geht sie denn nicht unter? Wir lesen doch in der Bibel von den schrecklichen Katastrophen, in denen die Welt versinkt.

Autor:
Richtig, aber wir müßten exakter sagen: Die bisherige Welt vergeht, und sie vergeht genau so, wie Jesus Christus „vergangen" ist, d. h. *nicht* vergangen ist, sondern in der Katastrophe am Kreuz zur Auferstehung kam. Genau so geht die Welt durch den Tod in ein neues Leben.

Leser:
Dann gilt das alles, was wir vom „Hindurchgang", vom „Pascha" gesagt haben, auch für die Welt?

Autor:
Aber ganz sicher. Es ist wie mit dem einzelnen Menschen. Die „Veranlagung" zum neuen Menschen ist bereits in ihm. Er ist als Mensch sogar schon – wenn du willst – ein Stück weiter als die Welt. Im Römerbrief heißt es im 8. Kapitel: „Auch die Schöpfung soll von der Sklaverei und Verlorenheit befreit werden zur Freiheit und Herrlichkeit der Kinder Gottes. Denn wir wissen, daß die gesamte Schöpfung bis zum heutigen Tag seufzt und in Geburtswehen liegt. Aber auch wir, obwohl wir als Erstlingsgabe den Geist haben, seufzen in unserem Herzen und warten darauf, daß wir mit der Erlösung unseres Leibes als Söhne offenbar werden" (Röm 8, 21–23).

Nun, wir sind jetzt ein bißchen abgeschweift, aber vielleicht siehst du, wie doch alles auf einer Linie liegt. Das Bild von den Geburtswehen entspricht wieder dem Gleichnis Christi, das er in den Abschiedsreden gebraucht, wenn er vom neuen Menschen spricht, der am Kreuz geboren wird. Die Welt wird also, wie es im Petrus-Brief heißt, „wie durch Feuer" verwandelt und zu einer neuen Schöpfung, die wir schon als „Erstlingsgabe" besitzen.

Leser:
Du mutest mir ja eine ganze Menge zu. Aber wenn ich das so höre, staune ich doch, wie das große Thema der Wandlung vom Tod ins neue Leben alles durchzieht.

Autor:
Ja, dann darf ich auch hoffen, daß du verstehst, daß dieses „neue Leben", das ja noch nicht in seiner ganzen Fülle erfahren werden kann, sich in Zeichen offenbart.

Leser:
Ich denke schon. Daß der Auferstandene da eine Vorbereitungszeit nach Ostern angesetzt hat, das war mir wirklich neu, aber es leuchtet mir ein. Die Menschen nach Ostern mußten tatsächlich erst lernen, daß Christus zwar da ist, aber anders da ist.

Autor:
Und dieses „Anders-da-Sein" ist im Grund wieder sehr einfach, weil die Zeichen so einfach sind. Sobald wir als Christen von dieser Andersartigkeit Christi wissen, „gehen uns die Zeichen auf" und werden – wie man sagen könnte – sprechende Zeichen.

Leser:
Ja, im Hinblick auf das Wasser habe ich das gut verstanden. Das Wasser wird ein sprechendes Zeichen für Un-

tergehen und Aufgehen, mit Christus Sterben und mit ihm Auferstehen. Ich verstehe auch, daß man dann das Wasser Mysterium nennen kann. Aber wieso ist die Kirche dann auch ein Mysterium? Das will mir nicht in den Kopf.

Autor:
Das Konzil sagt, daß die Kirche ein „Sacramentum visibile" sei. Man könnte auch sagen: ein sichtbares Mysterium. Ich glaube, die Erklärung ist jetzt nicht mehr so schwer. Das Einfache, Sichtbare an diesem Mysterium sind die Menschen, die zur Kirche gehören. Das sind gewiß keine Götter in Menschengestalt. Das göttlich Wirksame aber, das Unsichtbare an der Kirche und deshalb das Erstaunliche an ihr ist (wie beim Wasser), daß sie in sich die Kraft Christi enthält, ja daß sie der lebendige Christus ist, der mit seinen armseligen Gliedern immerhin schon zweitausend Jahre nach seiner Auferstehung weiterlebt.

Leser:
Dann allerdings kann ja die Kirche nicht sterben.

Autor:
Sterben nicht, aber verwandelt werden in das neue Gottesreich, in das neue Jerusalem, wo es dann wirklich keine „arm-seligen" Menschen mehr gibt, sondern nur noch selige Menschen.

IV. Das Mysterium des Gottesdienstes

13. Gründonnerstag

Das Letzte Abendmahl ist für den Katholiken vermutlich das größte Mysterium, das er kennt. Der Höhepunkt ist die Wandlung, jene geheimnisvolle Umwandlung von Brot und Wein in Jesu Christi Fleisch und Blut. Alles andere, was in der Messe geschieht, was gesagt, gebetet und gesungen wird, kann man ja auch in anderen Gottesdienstformen vortragen. Aber die Wandlung, die gibt es nur in der Meßfeier. Das ist heute ein hochaktuelles Thema, denn die Wandlung ist ja eng verbunden mit der Person des Priesters. Wo kein Priester, da keine Wandlung. So jedenfalls versteht die Kirche die Einsetzung des Letzten Abendmahles. Der Priester als Haupt gehört zur Gemeinde wie Christus zum Leib der Kirche. Es ist bezeichnend, wie stark es unsere Gemeinden empfinden, daß der sonntägliche Wortgottesdienst, den ein Diakon oder ein Laie hält, niemals ein „Ersatz" ist für die heilige Messe, für die Eucharistiefeier. Das ist gut so, denn ein solcher Wortgottesdienst will und darf kein Ersatz sein. Er steht in sich als ein echter Gottesdienst, als eine legitime Form einer Begegnung mit Jesus Christus. Aber Eucharistiefeier ist er nicht.
Man kann also auf die Eucharistiefeier nicht verzichten, obwohl einer feststellen könnte: Ein solcher Wortgottesdienst bietet mir doch alles, was mir auch die Messe anbietet. Da ist eine versammelte Gemeinde, da ist die Verkündigung des Wortes Gottes, da empfange ich sogar Christus in der heiligen Kommunion. Alle Formen, Christus dem Herrn zu begegnen, sind da. Dennoch, je-

der Gläubige weiß es: Das Wichtigste fehlt – die Wandlung.
Aber was heißt das? Was ist denn die Wandlung? Sind das tatsächlich nur Worte, die gläubig über Brot und Wein gesprochen werden und die nur der Priester sprechen kann? Kann man das so sagen? So einfach?
Wenn es so einfach wäre, wenn es nur das und nichts weiter wäre, dann muß man sich doch wirklich fragen: Was macht den Unterschied aus, wenn diese Worte, diese „Wandlungsworte" von einem gläubigen Christen gesprochen werden, gegenüber denselben Wandlungsworten, die von einem zum Priester Geweihten gesprochen werden? Was wurde denn dem geweihten Priester dazugegeben, daß seine Worte plötzlich verwandeln können? Eine geheimnisvolle Kraft? Bei solchen Gedankengängen könnte es einem unbehaglich werden, und man spürt schon: So einfach kann und darf es nicht sein. So einfach ist es auch nicht. Wenn es so einfach wäre, dann würde sich doch irgendwie der Gedanke an Magie, an Zauberei, aufdrängen.
In diesem Zusammenhang braucht nur erinnert zu werden, daß tatsächlich die oft gebrauchte Zauberformel „Hokuspokus" ihren Wortursprung bezieht aus dem akustisch schlecht verstandenen Text der Wandlungsworte über das Brot, die, wenn sie lateinisch gesprochen und wie in früheren Jahren nur geflüstert wurden, zu einem solchen verstümmelten Wortgebilde führten. So konnten aus den Bruchstücken der Worte „Hoc est enim corpus meum" („Das ist mein Leib") die Worte „Hokuspokus" werden.
Sicher wird kein gläubiger Mensch, der den spezifischen Teil der Messe als Wandlung kennt, dabei an Zauberei denken. Darum müssen wir auch vorsichtig sein mit der vereinfachten Darstellung, Jesus habe am Gründonnerstag beim Letzten Abendmahl seinen Jüngern die Macht und Kraft vermittelt, Brot und Wein zu verwandeln.

Wandlung am Gründonnerstag hat wesentlich tieferliegende Wurzeln. Wenn also ein katholischer Christ treffsicher den Wortgottesdienst, auch den mit Austeilung der heiligen Kommunion, von der Eucharistiefeier dadurch unterscheidet, daß er die Wandlung vermißt, dann weiß er oder er spürt es wenigstens, daß die Wandlung der eigentliche Mittelpunkt der Feier ist. Wenn es nicht so wäre, dann wäre der Akt dieser Verwandlung ja nicht das Entscheidende, sondern es käme lediglich auf das „Ergebnis" an, d. h. auf die heilige Kommunion. Und die erhält man ja auch im Wortgottesdienst. Woher also das richtige Gespür: Die Wandlung ist die Mitte des Gottesdienstes!?

Jesus hat am Gründonnerstag nicht die Wandlung eingesetzt, sondern das Letzte Abendmahl. Im Zentrum, im Mittelpunkt dieses Abendmahles, das ja im Rahmen des jüdischen Pascha-Mahles vor sich ging, steht allerdings die Wandlung, genauer gesagt: stehen die Worte, welche die Wandlung bewirken. Und diese Worte heißen nicht etwa: Dieses Brot soll jetzt mein Leib sein, oder: Dieser Wein soll jetzt mein Blut sein.

Man hat oft versucht, etwas Licht in das Dunkel dieses Geheimnisses der Wandlung zu bringen, und viele große Theologen haben mit den Begriffen menschlicher Wissenschaft darüber nachgedacht. Es bleibt gewiß ein großes Verdienst des heiligen Thomas von Aquin, aus der Sicht seiner Zeit die Lehre von der Transsubstantiation (Umwandlung von Brot und Wein in Leib und Blut Christi) entwickelt zu haben, um mit philosophischen Begriffen festzustellen, daß eine solche Wandlung nicht unmöglich ist.

Genau das, und nicht mehr, kann man mit modernen „Erklärungen" versuchen. Darauf soll hier nicht im einzelnen eingegangen werden, denn bei all diesen Versuchen scheint doch die Gefahr zu bestehen, daß man sich wiederum konzentriert auf einen Punkt und den Erklä-

rungsversuch fixiert auf jenen Abend und auf jene Worte, die der Herr gesprochen hat.
In Wirklichkeit aber, das sollte man klar aussprechen, kommt die Ursache der Wandlung gar nicht vom Gründonnerstag her. Alle Versuche, die Wandlung vom Gründonnerstag her zu sehen, kommen über das Niveau menschlichen Denkens nicht hinaus. Ja, es besteht sogar die Gefahr, wie wir gesehen haben, die Wandlung oberflächlich in das Gebiet der Magie einzuordnen. Die Theologen des Mittelalters haben ja auch nicht nur von Wandlung gesprochen. Sie haben den tieferen Grund gesehen. Sie meinten nicht nur die Wandlung, sondern vor allem das Opfer. Wir haben hier das Wort Opfer überhaupt noch nicht gebraucht, und mancher Leser wird das dem Autor vielleicht ankreiden wollen. Tatsächlich aber haben wir inhaltlich bereits seitenweise vom Opfer gesprochen, wenn wir nachgedacht haben über den Lebenstod Jesu. Genau mit diesem Lebenstod, das ist ja der Opfertod Jesu, können wir die Wandlung begreifen. Denn dieser Tod war ja nicht der Abschluß seines Lebens, sondern ein neuer Anfang. Jesus ist nicht ermordet worden und, nachdem er auch noch das für uns auf sich genommen hat, wieder auferstanden. Das alles haben wir bereits überlegt. Nein, im Tod, im freiwilligen Tod wurde er lebendig für alle Zeiten. Sein Opfertod war das Hinübergehen und Hinüberführen der Menschheit in ein besseres, in ein unvergängliches, in ein ewiges Leben. Das Opfer also ist die Wandlung, die Wandlung vom Tod ins Leben. Darum gibt es nur diese eine Wandlung: das Opfer Jesu Christi. Wandlung am Gründonnerstag und am Karfreitag gehören zusammen. Genau richtig empfindet also der gläubige Mensch, wenn er sagt: Dem Wortgottesdienst fehlt der Mittelpunkt, die Wandlung. Darum kann dieser Wortgottesdienst keine Eucharistiefeier sein. Das Opfer fehlt, das Hinübergehen Jesu vom Tod ins Leben. Und dieser Hinübergang, dieser Prozeß vom Tod ins Leben,

der wird gegenwärtig in der Feier des Abendmahles, in der Feier der Eucharistie.

Als Jesus am Gründonnerstag die Worte sprach (in der wörtlichen Übersetzung): „Das ist mein hingegebener Leib" – „Das ist mein vergossenes Blut", da waren bereits Karfreitag und Ostern, Tod und Auferstehung verbunden. Der Gründonnerstag wird so zum Mysterium von Karfreitag und Ostern. Jesus hat bereits am Gründonnerstag die Ereignisse von Karfreitag und Ostern vorweggenommen. Die Wandlung am Kreuz (die ja bereits Karfreitag und Ostern umfaßt) wird übertragen auf den Gründonnerstag. Im Ereignis des Abendmahls bedient sich Christus bereits der Überzeitlichkeit. Von jetzt an gilt für jede Feier dieses Gottesdienstes: „Tut dies zu meinem Gedächtnis." Vergangenheit und Zukunft verlieren hier ihre Bedeutung. Hier gilt nur die Gegenwart. Es ist die Dimension des ständigen Heute, in der Gott lebt. Ihrer kann sich Jesus am Gründonnerstag bedienen. Denn schon bei diesem ersten Abendmahl konzentriert sich die historische Zeit-Linie zu einem alle Zeiten einbegreifenden Zeit-Heute (um den mißverständlichen Ausdruck Zeit-Punkt zu vermeiden).

Die Heilswirksamkeit des Todes Christi, wie wir ihn oben als Pascha, als Überschritt in die neue Seinsweise beschrieben haben, kommt bereits dem Abendmahl „zugute". Jesus hat den Prozeß der Umwandlung vom Tod ins Leben, der vom Gründonnerstag her gesehen als historischer Tod mit Sicherheit morgen vollzogen wird, heute schon „zur Verfügung". Die zeitübergreifende Heilsdimension des Pascha wirkt sowohl in die Vergangenheit als auch in die Zukunft hinein. Der „Ablauf der Zeit" hat hier seine Gültigkeit verloren. Hier, und das heißt in unserem Gottesdienst, vor allem in der Eucharistiefeier, wird alle Vergangenheit und alle Zukunft im wahrsten Sinn des Wortes „gleich-zeitig".

So steht die ganze Feier des Abendmahles unter der Kraft

der Todeswandlung Christi, unter der Kraft des Lebenstodes, wie wir das Pascha genannt haben. Höhepunkt ist jene Mitte, in der sich die Kraft der Todeswandlung Jesu in dieser Feier des Brotes und des Weines bemächtigt. Gewiß – durch Worte, aber nicht durch isolierte Zauberworte, sondern durch den Lobpreis Gottes im Hochgebet. Und diese Worte stehen selbst – wie wir noch sehen werden – unter der Kraft der Wandlung, die vom Kreuz Christi kommt. Brot und Wein werden so unter Beibehaltung ihres Speisecharakters, ja gerade weil sie so eindeutig not-wendig für den Menschen sind, ein wirkliches „Essen und Trinken" des im Tode erstandenen Christus. – Die Wandlung am Gründonnerstag ist also viel tiefgreifender als jede auf menschlicher Wissensebene versuchte Erklärung. Ihr tiefster Grund ist die Opferliebe Jesu, die in der Wandlung am Kreuz ihren Höhepunkt erreichte und als Mysterium in jeder Eucharistiefeier vergegenwärtigt wird, so wie er es selbst verfügt hat.

14. Ein offenes Geheimnis

Ein bekannter Begriff! Wenn etwas in aller Munde ist und von „geheim" keine Rede mehr sein kann, sagt man: Ach, das ist doch ein offenes Geheimnis!
Auch wir können von einem „offenen", von einem „geöffneten" Geheimnis sprechen. Wer ein Geheimnis nicht „für sich" behalten kann, hat es zerstört. Bei Gott ist dies anders. Er selbst gibt sein Geheimnis preis, ohne es zu zerstören. Gott „geht aus sich heraus", ohne sich selbst zu verlassen. Er wird Mensch und bleibt Gott. Ja, dieser Mensch Jesus selbst ist der Sohn Gottes. Das ist bei Gott gar nicht anders möglich. „Gott ist die Liebe", sagt Johannes (1 Joh 4, 8). Gott weiß nicht nur sozusagen in göttlicher Allwissenheit, was Liebe ist, nein, er selbst

– wenn man das so sagen darf – lebt von der Liebe. Er kennt nicht nur die Liebe, er selbst ist die Liebe. Wenn er also Mensch wird, dann darf man nicht in naiver theologischer Vorstellung denken, daß der dreifaltige Gott seinen Sohn eine Zeitlang sozusagen aus diesem „Dreierbund" entläßt bis zu seiner Rückkehr in der Himmelfahrt. Nein, die Unverletzlichkeit des einen Gottes in seiner Dreipersönlichkeit bleibt völlig gewahrt. Und doch öffnet Gott mit der Menschwerdung das Geheimnis seiner innergöttlichen Liebe so weit, als der Mensch es erahnen und begreifen kann. Gott „weiht Menschen in sein Geheimnis ein". Dieses von uns durchaus im normalen Leben gebräuchliche Wort sollten wir hier ganz genau nehmen. Wer „eingeweiht" ist, weiß mehr. Die eigentliche „Einweihung" kam erst durch Kreuz und Auferstehung. Vorher war das Geheimnis Gottes höchstens zu ahnen. Denn die Welt, die Umwelt, die Zeitgenossen Jesu sahen letztlich doch nur einen normalen Menschen. Das, was bei Jesus über alles Begreifen hinausging, daß dieser Mensch, wenn er einem anderen Menschen Gutes erwies, wenn er ihm Liebe schenkte, daß er dann über die sichtbare Wirklichkeit hinaus vielmehr verschenkte, als die Mitmenschen wußten, das sah man nicht. Man sah höchstens die äußeren „Anzeichen", die „Signale", aber daß hier göttliche Gaben geschenkt wurden, blieb noch das verborgene, nicht geöffnete Geheimnis. Als man einen Gelähmten vor Jesus hinlegte, um ein Heilungswunder zu erleben, spricht Jesus das zuerst aus, was kein Mensch erwartet hat: „Deine Sünden sind dir vergeben." Dann erst folgt das „Signal": „Steh auf, nimm deine Tragbahre, und geh nach Hause!" (vgl. Lk 5, 17–26).
Die Gutwilligen ahnten etwas, aber „eingeweiht" waren sie noch nicht. Daher gibt es Worte, die wir immer wieder so oder ähnlich in der Heiligen Schrift finden: „Alle Leute versuchten ihn zu berühren, denn es ging eine Kraft von ihm aus, die alle heilte."

Die Leute wußten nicht, daß diese Kraft nichts anderes war als Gott selbst, der hier menschgeworden durch dieses Instrument seine göttliche Liebe menschlich weitergab. Wer Jesus begegnete, der begegnete Gott; wer Jesus die Hand gab, der gab Gott die Hand. Wer von Jesus angesprochen wurde, der wurde von Gott angesprochen; wem Jesus die Hände auflegte, dem legte Gott die Hände auf.
Das ist, wenn man so will, die Tragik dessen, was an diesem Geheimnis „offen" war. Offen und für alle sichtbar war ein Mensch, ein guter Mensch, ein Mensch, der Unverständliches tat, der Wunder wirkte. Trotzdem blieb er ein „Geheimnis", selbst für seine Jünger: „Schon so lange bin ich bei euch, und du hast mich nicht erkannt, Philippus? Wer mich gesehen hat, hat den Vater gesehen" (Joh 14, 9, vgl. S. 24).
Jesus Christus bleibt in diesem Sinn auch für die „Eingeweihten" (die Getauften) immer ein „offenes Geheimnis". Aber der „Eingeweihte", der Getaufte und Gläubige, weiß jetzt, daß alles Sichtbare und nicht Verborgene, alles, was „offen" ist, in der Tiefe nichts anderes ist als die Gegenwart des Heiligen Geistes. So ist die Kirche ebenso ein „offenes Geheimnis", wie z. B. unser Gottesdienst. Die meisten können nur das sehen, was an diesem Geheimnis „offen" ist. Bei Jesus sahen sie den Menschen mit all seiner Güte und Freundlichkeit. Auch die Signalwirkung der Wunder führte sie nicht hinein in das Geheimnis.
Auch heute sieht man nur, was offen ist. In der Kirche: die Menschen, die zu ihr gehören, angefangen vom Papst, über den man sich nicht genug wundern kann, wenn er „ein offener Mensch" ist. Erst recht sieht man die Menschen – und es sind sehr viele –, die sich zur Kirche zählen und die gar nicht so gut sind, wie man es von Christen erwartet. So bleibt der Zugang zum Geheimnis erst recht verschlossen.
Beim Gottesdienst ist es genauso, besonders seit dem

II. Vatikanischen Konzil. Es ist der Kummer vieler gläubiger Menschen, die jetzt auch beim Gottesdienst nur das sehen, was „offen" ist, während sie vorher doch wenigstens dort – wie sie sagen – das Geheimnis, das Mysterium, erleben konnten.

Jetzt ist die Sprache „geöffnet". Jetzt ist das geheimnisvolle Zeichen des Brotes „geöffnet" (man sieht ja tatsächlich jetzt, daß die Gestalt der Hostie aus Brot besteht). Der ganze Gottesdienst ist offener geworden, menschlicher. Schadet das nicht dem Mysterium?

Es gehört zum Geheimnis Jesu, daß es offen ist und doch verborgen bleibt. Jesus von Nazaret damals, die Kirche heute, ihr Gottesdienst und ihr äußeres Handeln, alles rein menschliche Phänomene. Ist es wirklich so? Wahr daran ist, daß menschliche Augen und menschliche Sinne tatsächlich nicht weiter kommen als sehen und erfahren, was ein Mensch mit seinen Sinnen erfahren kann. Und doch ist gerade das, was für unsere Sinne offen ist, auch heute eine Hilfe, so wie damals in Jesus von Nazaret Gottes Hand ausgestreckt war, damit man sie ergreifen konnte. Der Weg zur verborgenen Tiefe des Mysteriums ist geöffnet für alle, die an das Kreuz und an die Auferstehung des Herrn glauben. Wir erinnern uns: Für Thomas galt zunächst nur der Jesus, den er mit seinen Augen sehen und mit seinen Händen betasten konnte. Dann kam das Wort des Auferstandenen über ihn: „Selig sind die nicht Sehenden und Glaubenden" (wie es in der wörtlichen Übersetzung heißen müßte).

Das ist der einzige Weg für den Menschen, Gottes Geheimnis zu erfahren, vom Geheimnis Gottes angerührt zu werden, zu wissen, daß Gott selbst mitten unter uns ist. Dieser einzige Weg ist der Glaube an die Macht der göttlichen Liebe, die im Tode Jesu Christi den Durchbruch vom Tod zum Leben geschafft hat, den Durchbruch, der hinüberführt zu Gott selbst, ohne ihn mit menschlichen Augen zu sehen.

Das war es doch, was nach Ostern in den Erscheinungsberichten immer wieder deutlich wurde: Jesus wollte allen begreiflich machen: Ihr werdet auch in Zukunft kein Mysterium sehen. Aber ihr, die ihr glaubt, daß ich auferstanden bin, ihr seid jetzt eingeweiht in die Eigenart meiner Geheimnisse, meiner Mysterien. Jetzt wißt ihr, daß ich euch nach Kreuz und Auferstehung mit der Kraft Gottes beschenken will; jetzt wißt ihr, daß Gott mitten unter euch ist; ihr wißt es, weil ihr glaubt. Wer an Kreuz und Auferstehung glaubt, der glaubt daran, daß im Tod das Leben geboren wurde, der glaubt an die große Wandlung. Diese Wandlung spielt sich nicht auf offener Szene ab; sie geschieht im Verborgenen. Was offen bleibt, kann von jedem Menschen gesehen werden, und darum bleibt es für den, der nicht glaubt, lediglich eine pure menschliche Angelegenheit. Wer nicht hineingenommen ist in den Tod und in die Auferstehung, wer nicht mit ihm begraben wurde durch die Taufe und wer nicht „wie Christus durch die Herrlichkeit des Vaters von den Toten auferweckt wurde", kann nicht leben als neuer Mensch (vgl. Röm 6, 4). Wer aber so eingeweiht ist durch die Taufe, wer glaubt, für den werden die menschlichen Zeichen, angefangen von Jesus selbst über die Kirche bis zum Gottesdienst, alle diese nach außen hin „nur" menschlichen Zeichen, eine wunderbare Nähe der göttlichen Liebe. Denn jetzt sind es keine vermenschlichten, des Geheimnisses beraubten Zeichen, sondern genau das Gegenteil. Sie sind und sie wollen es sein: Signale, aus denen uns Gottes Liebe leichter erkennbar wird als in irgendeiner unbegreiflichen Verborgenheit. Der Gott der Liebe öffnet sich so, daß für den glaubenden Menschen die Mysterien sich öffnen, damit er sich in seinem menschgewordenen Gott geborgen weiß.

Wir brauchen nicht lange zu suchen nach geheimnisvollen Zeichen. Wir brauchen nur zu wissen, daß alles, was Jesus geöffnet und eröffnet hat – das ist vor allem die

Gemeinschaft der Gläubigen, die sich Kirche nennt –, gerade in der manchmal schmerzlich erfahrbaren Menschlichkeit das Haus ist, von dem wir singen: „O laß im Hause dein uns all geborgen sein."
Von dieser Kirche singen wir dann auch im Lied, glaubend an diese göttliche Nähe: „Seht Gottes Zelt auf Erden! Verborgen ist er da; in menschlichen Gebärden bleibt er den Menschen nah" (Gotteslob, Nr. 639, 4).
Der Benediktiner Odo Casel (gestorben 1948), der wohl als großer Theologe des Gottesdienstes unserer Zeit gelten kann, schrieb in seinem Buch „Das christliche Kultmysterium": „Die Selbstenthüllung Gottes ist nicht der Welt als solcher zuteil geworden, weil die Welt nicht imstande ist, Göttliches zu sehen, sondern den Auserwählten, Heiligen, zunächst den ‚Aposteln und Propheten im Pneuma', d. h. im Heiligen Geist, dann allen wahrhaft Gläubigen und so der ‚Ekklesia', das heißt der berufenen Gottesgemeinde. Ihnen ist also das Mysterium offenbar; und doch bleibt es Mysterium, weil es etwas wesentlich Göttliches und deshalb dem menschlichen Verstand aus sich Unzugängliches und nur durch die Gnade Offenbares ist. Der Inbegriff des Christusmysteriums ist also die Person des Gottmenschen und seine Erlösungstat zum Heil der Kirche, die auf diese Weise in das Mysterium einbezogen wird." [6]

15. Einfach, aber nicht primitiv

Jesus, Kirche, Gottesdienst: Geheimnisse, Mysterien! Für den Nicht-Glaubenden undurchsichtig. Für den Glaubenden durchsichtig, zum Greifen nahe, wie das

[6] Odo Casel, Das christliche Kultmysterium, Regensburg 1932, S. 25 ff. Teile aus diesem Buch lesen wir im neuen Stundenbuch der Kirche alle zwei Jahre in der 21. Woche des Jahreskreises.

Kind in der Krippe, wie der Gekreuzigte am Holz, wie das Brot der Eucharistie. Alles klingt einfach. Zu einfach? Man könnte erneut die Frage stellen: Warum war Jesus ein einfacher Wanderprediger und nicht ein „königlicher Messias", wie ihn sich die Juden wünschten? Es bleibt doch unverständlich, warum der große Gott seine für uns unvorstellbaren Möglichkeiten nicht besser nutzt, um an sein Ziel zu kommen. Wenn er ein Reich Gottes auf dieser Welt errichten will, warum dann nicht gleich so, daß Irrtümer und Verwechslungen ausgeschlossen sind?

„Mein Königtum ist nicht von dieser Welt" (Joh 18, 36). Gott will ein Reich errichten. Es wird jene Zukunft sein, von der wir in jeder Eucharistiefeier sprechen, wenn wir rufen: „Deinen Tod, o Herr, verkünden wir, und deine Auferstehung preisen wir, bis du kommst in Herrlichkeit."

Wir beschließen ja diesen Ruf nicht mit den Worten: „bis du kommst", denn das würde der Wirklichkeit nicht entsprechen. Gerade in diesem Augenblick ist er ja da in den einfachen Zeichen von Brot und Wein. Statt dessen rufen wir: „bis du kommst in Herrlichkeit". Damit sprechen wir die Zukunft an, von der in menschlich unzureichenden Worten das Buch der Geheimen Offenbarung spricht in dem Kapitel über das neue Jerusalem. Das Reich Gottes wird hier in einem großen Bogen, der die Geschichte umspannt, mit dem Namen jener Stadt bezeichnet, in der das Volk des alten Bundes sein großes Gottesheiligtum hatte, den Tempel. Das neue Reich Gottes ist das neue Jerusalem. Und von dieser neuen Stadt Jerusalem heißt es: „Einen Tempel sah ich nicht in der Stadt. Denn der Herr, ihr Gott, der Herrscher über die ganze Schöpfung, ist ihr Tempel, er und das Lamm. Die Stadt braucht weder Sonne noch Mond, die ihr leuchten. Denn die Herrlichkeit Gottes erleuchtet sie, und ihre Leuchte ist das Lamm. Die Völker werden in diesem Licht einherge-

hen, und die Könige der Erde werden ihre Pracht in die Stadt bringen" (Offb 21, 22–24). An diesen bildhaften, prophetischen Worten spürt man, wie schwer es ist, das Geheimnis, das jetzt noch verborgen ist, mit den Mitteln zu schildern oder gar zu verwirklichen, die uns auf dieser Welt zu Gebote stehen.
Dennoch bleibt die Frage: Warum liegt es noch in der Zukunft? Warum hat Gott das „Reich" noch nicht gegründet? Warum bleibt noch immer für viele das Geheimnis undurchsichtig?

Es muß wohl so sein, daß die Schöpfung, d. h. die Welt, wie Gott sie geschaffen hat, zuerst ihren eigenen Weg gehen muß. Wir wollen nicht vermessen sein und Gottes Pläne kritisieren, aber der Mensch als ein Geschöpf Gottes mußte und muß es wohl auf diese Weise erfahren dürfen, wie groß Gottes Liebe ist. Eine Liebe, die eben nicht darin besteht, daß sie von vorneherein großzügig austeilt von dem unerschöpflichen Reichtum, den sie zur Verfügung hat, sondern eine Liebe, die hinuntersteigt, die zu denen geht, die in „Finsternis sitzen und im Schatten des Todes" (Lk 1, 79).
Ein Gott, der sich erniedrigt und Mensch wird, gehorsam ist bis zum Tod und so für jeden Menschen überzeugend begreiflich macht, wie menschlich, wie gottmenschlich er die Menschen liebt. Eine Liebe, die unter den Menschen bleibt, die sich nicht wieder zurückzieht in den Himmel, woher sie gekommen ist. Eine Liebe, die in der Kraft des Heiligen Geistes unter den Menschen bleibt. Der Geist dieses Jesus Christus, der die Welt erfüllt, wenn glaubende Menschen sich zur Verfügung stellen. Darum bleibt alles so, wie es in diese Welt hineinpaßt. Jesus Christus hat hineingepaßt, und die Kirche paßt hinein, und unser Gottesdienst paßt auch hinein. Das unerhört Große und Schöne ist es ja gerade, daß wir vergängliche und begrenzte Menschen auf Kosten des Op-

fertodes Jesu Christi dem unbegreiflichen Gott so begegnen können, wie es unserem Horizont entspricht.
Darum besteht auch unser Gottesdienst von außen gesehen aus ganz einfachen Zeichen, die es auch sonst im menschlichen Leben gibt: in Gemeinschaft beisammen sein, gemeinsam essen und trinken. Und es ist verständlich, daß hier die Gefahr besteht, nur dieses äußere Zeichen zu sehen. Erst der Glaube und das Vertrauen in die Liebe des gekreuzigten Herrn und die treue, gläubige Erfüllung seines Auftrags, den er der jungen Kirche gegeben hat, füllt diese Zeichen mit seinem Opfertod, das heißt mit der Wandlung, das heißt mit seiner neuen Gegenwart.
Damit wird für die Glaubenden, die sich als Kirche zusammenfinden, das ganze Geschehen höchstes Mysterium, weil es ja wohl gerade so sein muß, daß das Mysterium nicht mit der Tür ins Haus fällt, sondern daß es zuerst geglaubt werden will. Wem das Mysterium gläubige Gewißheit ist, für den sind dann die einfachen äußeren Zeichen zwar nicht das Wesentliche, aber doch das göttliche Entgegenkommen an unseren kleinen Verstand, damit er an den Zeichen ablesen kann, wie nahe der entfernte Gott tatsächlich sein will, wenn er z. B. mit dem Zeichen des Brotes unmißverständlich beschreibt: Ich will deine Speise, deine Nahrung sein. Ich will eins werden mit dir.

16. Kann man das glauben?

Das „offene" Geheimnis. Die einfachen, einleuchtenden Zeichen. Ist das alles nicht doch etwas verdächtig? Man kommt nicht davon los, zu grübeln, ob bei all dem nicht sozusagen der Wunsch „Vater des Gedankens" ist. Oder eine besondere intensive Form von Einbildung. Darum ist es unerläßlich, immer wieder zum Ausgangspunkt zurückzukehren: Gottes Menschwerdung kann nur dann ihre volle Auswirkung erfahren, wenn wir daran festhalten, daß in diesem Menschen Jesus Gott sich nicht irgendwie zeigt, vielleicht in einer Art „Miniaturausgabe", sondern daß es gerade zu den unausdenkbaren Möglichkeiten des über Zeit und Raum und über allen menschlichen Kategorien stehenden Gottes gehört, sich „als Mensch" zu „präsentieren" im wahrsten Sinn des Wortes, ohne etwas von seiner Größe herzugeben. Wenn Jesus nicht Gott in „voller Größe" wäre, gäbe es für uns nicht eine so intensive Begegnung, wie sie dann in den oben beschriebenen Zeichen möglich ist. Nur so kann ein Paulus in voller Überzeugung den Athenern auf dem Areopag sagen, daß wir einen Gott haben, in dem wir leben, in dem wir uns bewegen, in dem wir sind.

Es genügt also keineswegs ein subjektiv emotionales Glauben und Empfinden der Nähe Gottes, weil Jesus uns diesen Gott „nahe" gebracht hat. Nähe und Erfahrung Gottes gehen weit hinaus über parallele Erlebnisse mit anderen Menschen. Durch das Gott-Sein des Menschen Jesus erhalten auch die menschlichen Zeichen göttliche Qualitäten, d. h. sie werden viel tiefer und intensiver in neuen Dimensionen als jede noch so beglückende menschliche Erfahrung. Sie gehören trotz ihrer oben beschriebenen Schlichtheit zu den begreiflich-unbegreiflichen Mysterien.

Als Beispiel: Eine Gruppe junger Menschen. Sie kennen das Schriftwort: „Wo zwei oder drei in meinem Namen versammelt sind, da bin ich mitten unter ihnen" (Mt 18, 20). Diese jungen Menschen kommen zusammen, erfüllen also diese Bedingung. Sie lesen ein Stück aus der Heiligen Schrift, vielleicht sprechen sie kurz darüber.

Dann werden sie still, um es ganz bewußt zu erleben: Jesus in unserer Mitte. Er hat es gesagt, wir glauben daran, und wir sind sicher, daß er unsichtbar gegenwärtig ist.

Es besteht kein Zweifel, hier handelt es sich um gläubige

Menschen. Vielleicht machen sie sich gar keine Gedanken darüber, wie das möglich ist, daß Jesus jetzt hier ist. Sie sollen sich ja auch wohl keine „Gedanken" machen, denn wer hier anfängt zu denken, der engt sich ein auf die Kategorie und Kapazität des menschlichen Verstandes. Das würde zweifellos Christus und seiner Gegenwart Grenzen setzen. Nur müßte man sich klar sein darüber, daß diese Gegenwart Jesu nicht von der versammelten Gruppe „gemacht" wird. Denn Gott hat in seiner Menschwerdung den „Grundstein" gelegt und in Tod und Auferstehung die neue Gegenwart Jesu im Heiligen Geist ermöglicht, wenn gläubige Menschen zusammenkommen. Wir finden Jesus Christus in der Welt vor, weil er Mensch geworden ist, weil er gestorben ist, weil er auferstanden ist. Wir machen ihn nicht. „Er ist in die Mysterien eingegangen" (s. o.).

Der Glaube, daß Jesus in einer Gemeinschaft gegenwärtig ist, steht in unlösbarem Zusammenhang mit dem Glauben an die Erniedrigung des Sohnes Gottes bei seiner Menschwerdung. Er steht in unlösbarem Zusammenhang mit dem Glauben an das, was diese Erniedrigung bedeutet: der Weg zum Kreuz. Und er steht in unlösbarer Verbindung mit dem Glauben, daß der Tod des menschgewordenen Gottessohnes der hohe Preis war dafür, daß er auch jetzt noch mitten unter uns lebt.

Vielleicht werden in der erwähnten versammelten Gruppe junger Menschen manche sein, die von diesem Kaufpreis, den Gott aus Liebe für uns bezahlt hat, nichts wissen. Trotzdem nehmen sie teil an dem Erlebnis der Gottesnähe. Doch der religiöse Boden, auf dem sie jetzt stehen, wird auf die Dauer nicht halten, wenn sie den Hintergrund nie erfahren. Denn hier gilt in hohem Maße, was wir schon überlegt haben: Wir können Gottes Liebe nicht einfach entgegennehmen, wenn wir nicht bereit sind, den Weg mitzugehen, den Jesus gegangen ist, wenn wir nicht bereit sind, einen Zuschuß zu geben zu den Ko-

sten, die Jesus getragen hat. Denn nur der Preis des Kreuzes führt zur Begegnung mit dem Auferstandenen. Gemeint ist, wie wir wissen, nicht unbedingt Martyrium, eine Christusnachfolge bis zum blutigen Tod, gemeint ist die Bereitschaft, alles, was das Leben von mir fordert, zu integrieren in den Lebensweg Christi. Gemeint ist in diesem Sinne: „mein Leben hinzugeben". Dabei bleibt uns immer die Gewißheit, daß jeder kleinste Beitrag eines solchen Glaubens mich bereits hineinnimmt in den Tod und in die Auferstehung des Herrn, vor allem deshalb, weil ich bereits in der Taufe auf den Lebensweg Jesu gestellt bin. Weil ich im Mysterium der Taufe Tod und Auferstehung Jesu an mir erfahren habe, bin ich „begabt" und dazu veranlagt, mich seinem Schicksal anzuschließen. Das ist der Glaube, der gefordert ist. Nicht nur, sich einfachhin beschenken zu lassen. Entscheidend ist, daß ich an den Tod und die Auferstehung des Gottmenschen Jesus Christus glaube und daraus Konsequenzen ziehe, weil ich weiß, was es gekostet hat, wenn ich ihm jetzt „so einfach" begegnen kann, wenn „zwei oder drei in seinem Namen beisammen sind".
Schon einmal hat uns bei unseren Überlegungen ein Wort des heiligen Paulus getroffen. Hier sollten wir es wiederholen: „Ist aber Christus nicht auferweckt worden, dann ist unsere Verkündigung leer und euer Glaube sinnlos" (1 Kor 15, 14).

Und was sagst du dazu?

Leser:
Jetzt weiß ich eigentlich nicht, was ich sagen soll, denn ich frage mich: Ist glauben leicht oder schwer? Wenn ich z. B. an den Gottesdienst denke. Jeder Mensch kann sehen, daß hier Brot und Wein auf dem Altar liegen. Jeder

kann heute verstehen, was dazu gesagt wird, weil ja alles in der Muttersprache vorgetragen wird. Und jeder kann ein Gesangbuch in die Hand nehmen und mitsingen. Das ist doch alles ganz leicht – für meine Begriffe viel zu leicht, das kann doch jeder mitmachen, genausogut wie man jede andere Veranstaltung mitmacht.

Autor:
Ja, du hast recht. Das ist die äußere Seite. Und es besteht tatsächlich die Gefahr, daß man heutzutage in den Gottesdienst geht und das alles einfach mitmacht. Wenn dann die „Gottesdienst-Gestaltung", wie man zu sagen pflegt, nicht attraktiv genug ist, dann kritisiert man: Mir hat der Gottesdienst „nichts gegeben" und bleibt in Zukunft draußen.

Leser:
Na also, das ist doch nicht mehr in Ordnung! Wenn ich schon an die sogenannten „Jazz-Messen" denke, da läuft man doch nur hin, weil einem etwas geboten wird. Da muß man ja oberflächlich werden!

Autor:
Ich denke nicht, daß dies zur Oberflächlichkeit führen muß. Man muß allerdings die Gottesdienst-Teilnehmer darauf hinweisen, warum dieser Gottesdienst so und nicht anders gefeiert wird. Ich meine schon, daß es verschiedene Gottesdienst-Formen geben muß. Schon viele Jahre vor der Liturgie-Reform hat man sich bemüht, Feierformen für Kinder zu finden. Man hat Kindermessen gehalten. Aber man kannte natürlich das feierliche Hochamt und das Levitenamt. Man hat den Grad der Feierlichkeit durch Weihrauch unterstützt, mit einer großen Zahl von Meßdienern, mit dem Kirchenchor, besonderem Blumenschmuck und einem größeren Aufwand von Kerzen usw. Das alles ist nicht etwa abgeschafft,

sondern ohne Abstriche für die entsprechenden Gelegenheiten vorgesehen.
Aber man darf doch sicher sagen, daß sowohl die Form einer Messe mit sogenannten rhythmischen Gesängen wie auch die Form eines Levitenamtes im Prinzip nichts anderes ist als der bescheidene Versuch, ein und dasselbe Vermächtnis des Herrn verschiedenartig zu feiern.

Leser:
Da bin ich nicht ganz einverstanden. Ein Levitenamt hat mich feierlicher gestimmt und stärker hingeführt zu dem Mysterium, von dem im letzten Kapitel so oft die Rede war, als so ein Jazz-Rummel. Da kann man ja gleich in eine Diskothek gehen.

Autor:
Zugegeben, einer, der aufgewachsen ist in den bisherigen Formen des Gottesdienstes, wird sich schwer tun, von der Musik einer modernen Gruppe genauso erbaut zu sein wie von Kirchenchor und Orgelspiel. Aber man darf ja nicht vergessen, daß es sich bei diesen vielzitierten „Jazz-Messen" zunächst um einen Gottesdienst für eine bestimmte Gruppe handelt. Selbstverständlich muß auch diese Gruppe, vor allem die Jugend, die Formen des Gemeinde-Gottesdienstes feiern lernen.

Leser:
Ich befürchte einfach, daß man heute in den neuen Formen des Gottesdienstes, auch in manchen Gottesdiensten für Erwachsene, nicht mehr fromm sein kann. Es ist viel zu viel Betrieb. Man kann nicht mehr still werden. Und das schadet doch dem Mysterium. Darum wehre ich mich dagegen, daß das Mysterium „geöffnet" worden ist, wie du sagst. Mir ist ein geheimnisvoller Gottesdienst lieber als ein betriebsamer.

Autor:
Was du da sagst, macht mich traurig. Nicht weil du etwa recht hättest, sondern weil die Sache noch viel schlimmer ist, als du sie siehst.
Ich will versuchen, das zu erklären. Denken wir an den Krieg oder an Kriegsgefangenenlager. Da ist ein Priester, der die heilige Messe feiern will. Was braucht er, um das Geheimnis der Messe zu feiern? Nichts anderes als Brot und Wein. Ich weiß, daß du widersprechen willst mit dem Hinweis: Das ist aber doch der extremste Ausnahmefall. Sicher. Aber ich möchte doch zunächst nur auf folgendes hinaus: Es bleibt unbestritten, daß auch in diesem Fall an der Messe selbst nichts fehlt. Ja, ich gehe noch ein Stück weiter. Vielleicht führt eine solche Einfachheit, hervorgerufen durch die äußeren Umstände, zu einer großen Ergriffenheit. Viele haben Ähnliches erlebt, z. B. einen Katakombengottesdienst in Rom.
In solchen Extremfällen erkennen wir aber auch, daß man in einem Atemzug sagen kann: Das Mysterium ist einfach und zugleich ein tiefes Geheimnis. Aber das, was daran einfach ist, was ein Außenstehender gerade in den genannten Fällen: Krieg, Gefängnis und Katakombe bestenfalls als uninteressant bezeichnen würde, kann nur durch den Glauben an das „verborgene" Mysterium erkannt werden. Der Glaube an das in der Tiefe ruhende Geheimnis muß hinzukommen. Dieser Glaube kommt durch die äußere Form des Gottesdienstes zum Ausdruck. Dabei wäre es der falsche Weg, an den einfachen Zeichen, die der Herr ausgesucht hat, z. B. Brot und Wein, etwas zu verändern. Das würde zur Erkenntnis des Mysteriums nichts helfen. Entscheidend ist der Glaube, daß dieses einfache Zeichen von Brot hineingenommen wird in den Opfertod Jesu und deswegen verwandelt wird.

Leser:
Dann wäre also die „Feierlichkeit" im Gottesdienst nicht notwendig?

Autor:
Doch, sie ist notwendig, sogar sehr wichtig. Denn wie ich schon sagte, der Glaube muß nicht nur unterstützt werden, sondern dieser Glaube, daß Brot nicht mehr Brot ist, daß die Kerkerzelle oder auch die Dorfkirche vom Glanz der Auferstehung durchströmt wird, das müssen wir mit allen unseren menschlichen Mitteln zum Ausdruck bringen. Messe wird zwar immer „gefeiert", aber hinzukommende „Feierlichkeit" ist der stets hinter der Wirklichkeit zurückbleibende Versuch, den verborgenen Glanz des Mysteriums aufleuchten zu lassen. Darum Kunst und Musik und Gesang und Freude in jeder Form!
Gerade die Liturgie-Reform hat dafür gesorgt, daß der Kern des Mysteriums wieder deutlicher wird. So hat sie in die Messe mehrfach stille Zeiten eingefügt, die nur leider von vielen nicht beachtet werden. Eine „betriebsame" Meßfeier ist darum nicht das Ergebnis der Liturgie-Reform, sondern genau ihr Gegenteil. Wer so Gottesdienst feiert, hat die Reform nicht verstanden und versteht es auch nicht, sie zu verwirklichen. Das alles wird im folgenden noch ausführlicher besprochen.

V. Das Mysterium der Zeichen

Vor über 20 Jahren gab es heftige Diskussionen um einen Film mit dem Titel „Der Abtrünnige“. Er handelte von einem Priester, der seinen priesterlichen Beruf aufgegeben hatte. Der problematische Höhepunkt war eine Szene, in der jener „Abtrünnige“ mit einem Freund, der Theologiestudent war, ein Weinlokal besuchte. Der ehemalige Priester ließ einen Sektkübel herbeibringen, goß zwei Flaschen Wein hinein, erfaßte den Kübel, kippte ihn etwas an, beugte sich darüber und sprach die Worte, die man über den Kelch während der Wandlung spricht. Fassungslos schaute der Begleiter zu. Als gläubiger Theologiestudent, der den Vorgang der Wandlung in der Messe genau kannte, mußte er annehmen, daß dieser Wein jetzt konsekriert war, daß er verwandelt war in das Blut Jesu Christi, daß Jesus Christus nun selbst in der Gestalt des Weines gegenwärtig war. In höchster Not und Angst um die Entweihung dieses heiligen Geheimnisses zwang sich der junge Mann und trank die große Menge Wein.

Man diskutierte – wie gesagt – damals viel darüber. Was war tatsächlich geschehen? In der Messe und hier dieselben Wandlungsworte. Dort und hier ein geweihter Priester. Jeder wußte, daß ein Priester geweiht ist und geweiht bleibt für sein ganzes Leben. So sah man keinen Unterschied, und viele meinten, daß der Wein im Sektkübel konsekriert war. Tatsächlich aber war der Wein nicht konsekriert. Jesus hat nicht, wie wir schon überlegt haben (vgl. S. 78), seinen Jüngern eine besondere Wandlungskraft geschenkt, die immer wirkt, wenn man sie ausspricht. Das wäre Magie. Vielmehr steht sie in Verbindung mit seinem Tod und seiner Auferstehung und im Zusammenhang mit der Pascha-Feier, die Jesus am

Gründonnerstag mit seinen Jüngern gehalten hat. Diese Pascha-Feier wurde zum Vorbild unserer Eucharistiefeier. Christus hat mit seinen Jüngern das Pascha gefeiert. Die äußere Feier wurde jetzt zum „Pascha-Mysterium". Der sichtbare Rahmen wurde sozusagen das Gefäß, das unsichtbar angefüllt war mit dem Ereignis seines Todes und seiner Auferstehung. So können wir sagen: Diese Feier des Gründonnerstags wird hereingenommen in das Kraftfeld von Tod und Auferstehung Christi. Mitte und Höhepunkt der Feier ist und bleibt die Verwandlung von Brot und Wein in Fleisch und Blut Christi. Aber diese Wandlung erfaßt die ganze Feier. Kreuz und Ostern, Tod und Auferstehung werden, wie schon einmal gezeigt, am Gründonnerstag im Abendmahlssaal vorausgenommene Gegenwart. Deshalb darf man nicht übersehen, daß es kein Zufall war, wenn der Herr, bevor er Brot und Wein in seine Hände nahm, sich mit seinen Jüngern zusammensetzte nach genauer Vorbereitung und Besprechung als Familie, so wie es der jüdische Brauch vorsah, das Paschamahl zu halten. Genauso wie dort das in Liebe Versammelt-Sein der Familie oder mehrerer Familien dazugehörte, so gehörte ebenfalls zu diesem jüdischen Paschamahl der Lobpreis und Dank der Gemeinde für Gottes Großtaten am Volk Israel.

Dieser Rahmen des Paschamahles war das wirksame Zeichen für den vorausgenommenen Opfertod, für die Wandlung am Kreuz. Die Worte über Brot und Wein sind nur in diesem Zusammenhang zu verstehen, und zwar als Höhepunkt. Im Sinn der Gemeindefeier aber wird die ganze Gemeinde äußeres Zeichen, Signal für diese Gegenwart. Die ganze Versammlung, das verkündete Wort und das gemeinsame Mahl sind ein einziges Zeichen für das eine große Ereignis, für das Opfer Jesu Christi am Kreuz, für seinen „Hindurchgang" durch den Tod in das neue Leben der Auferstehung.

Diese Vorüberlegung ist notwendig für alles, was wir jetzt miteinander besprechen. Denn wir waren gewohnt, die Wandlung als den Hauptteil der Messe isoliert zu sehen, als „einsame Spitze", fast losgelöst von den anderen Teilen des Gottesdienstes. Wir erinnern uns, daß vor noch nicht allzu langer Zeit, sicher aber bis zum II. Vatikanischen Konzil, in der Schule gelehrt wurde: Die Messe besteht aus den drei Teilen: Opferung, Wandlung und Kommunion. In dieser Aufgliederung war der Teil, den wir heute mit Wortgottesdienst bezeichnen, völlig übergangen worden. Man lernte sozusagen als „Faustregel": Die Sonntagspflicht ist dann noch erfüllt, wenn man beim Zuspätkommen feststellen kann, daß der Kelch auf dem Altar noch zugedeckt ist. Das bedeutet also: Zur „Gültigkeit" des sonntäglichen Meßbesuches genügte die Teilnahme ab „Gabenbereitung" (damals sagte man „Opferung"). Wer von Kind an so erzogen wurde, wird nicht von heute auf morgen umlernen können. Das gilt für die ganze Gottesdienstreform. Von der Möglichkeit einer „Entwicklung" in der Kirche wußte man nichts, vor allem nicht in den unantastbaren Bereichen des Gottesdienstes. Die Reform hat in vielen Fällen nichts Neues geschaffen, sondern wieder aufgedeckt, was verschüttet war. Denn, um auf unser Beispiel zurückzukommen: die Messe bestand ja auch vor dem Konzil nicht einfachhin aus den drei Teilen: Opferung, Wandlung und Kommunion. Immer ist diesen drei Teilen die Verkündigung des Wortes Gottes vorausgegangen. Nur wurde dieser Wortgottesdienst so nebensächlich behandelt, daß man ihn zur „Vormesse" degradiert hat. Daraus mußte sich eine Mentalität entwickeln, die „Vormesse" nicht ernst zu nehmen. Das führte in manchen Gegenden dazu, daß auch die Predigt dieser Degradierung zum Opfer fiel, so daß man die Zeit bis zur „Opferung" mit einem kräftigen Schluck im nahegelegenen Wirtshaus nützen konnte.

Man könnte sogar sagen, daß bei vielen Gläubigen die Bedeutung der Messe auf die Wandlung als eigentlicher Höhepunkt eingegrenzt war. Nun besteht auch heute kein Zweifel, daß die Wandlung tatsächlich der Höhepunkt der Eucharistiefeier ist. Nur kann man nicht mehr sagen, daß alles, was vor der Wandlung geschieht, eine Art Besinnung, Sammlung und Einstimmung ist auf den heiligen Augenblick, in dem Christus gegenwärtig wird.
Was ist nun anders geworden? Die Kirche kann doch an ihrem höchsten Geheimnis nichts ändern. Warum dann eigentlich eine Gottesdienst-Reform?

17. Christus in der Gemeinde

a) Gemeinschaft im Heiligen Geist

Viele Fachleute sagen – und das mit Recht –, die eigentliche Gottesdienstreform besteht in der Wiederentdekkung der Gemeinde. Um das zu verstehen, kann ein Text aus der Liturgie-Konstitution des II. Vatikanischen Konzils helfen. In diesem Dokument heißt es in Art. 7: „Gegenwärtig ist er (Christus) im Opfer der Messe sowohl in der Person dessen, der den priesterlichen Dienst vollzieht . . ., wie vor allem unter den eucharistischen Gestalten. Gegenwärtig ist er mit seiner Kraft in den Sakramenten . . . Gegenwärtig ist er in seinem Wort . . . Gegenwärtig ist er schließlich, wenn die Kirche betet und singt, er, der versprochen hat: ‚Wo zwei oder drei versammelt sind in meinem Namen, da bin ich mitten unter ihnen' (Mt 18, 20)."
In diesem Text fällt auf: Die Feststellung, daß Christus gegenwärtig ist, kommt nicht nur im Zusammenhang mit den eucharistischen Gestalten vor – dort allerdings

hervorgehoben durch den Zusatz „vor allem" unter den eucharistischen Gestalten. Aber dasselbe Wort „gegenwärtig" steht auch bei der Person des Priesters, bei den Sakramenten, beim Wort Gottes und in einer sehr ausführlichen Form, sogar mit einem Schriftwort unterstrichen, bei der Gemeinde: „Gegenwärtig ist er, wenn die Kirche betet und singt, er, der versprochen hat: ‚Wo zwei oder drei ...'"

Wir erinnern uns an das 11. Kapitel „Wir gehören zueinander". Hier wird nun in einem offiziellen Text der Kirche ausdrücklich betont, daß jede versammelte Gemeinde „Kirche" ist. Kirche, das ist der weiterlebende Christus selbst im Gottesdienst, und das gilt nicht nur für die Eucharistiefeier, sondern auch für die Feier der Sakramente. Immer, wenn Gemeinde versammelt ist, ist Christus, der erhöhte Herr, gegenwärtig, so wie es Paulus mit dem Bild des Leibes beschreibt, mit Haupt und Gliedern, mit dem Haupt, dem Vorsteher, das bedeutet für die Eucharistiefeier der Priester; und mit seinen Gliedern, d. h. mit der gläubigen Gemeinde.

Wahrscheinlich brauchen wir alle, Priester, Diakon, alle Leiter von Gottesdiensten und die Gemeinde selbst, noch eine lange Zeit, bis uns diese Vorstellung von der Gegenwart des Herrn in der feiernden Gemeinde so in Fleisch und Blut übergeht wie das von Kind auf gelernte Verständnis vom verwandelten Brot und vom verwandelten Wein. Brot und Wein sind deutliche Dinge. Man kann Brot in die Hand nehmen und essen; man kann Wein in ein Gefäß gießen und trinken. Man kann im Glauben an das Wort des Herrn: „Das ist mein Leib, das ist mein Blut" mit diesen so einfachen Zeichen sich im Essen und Trinken mit Christus verbinden. Das ist und bleibt das größte Mysterium. Aber es ist auch wiederum – wie oben beschrieben – so offen, weil Brot und Wein „einsichtige" Zeichen sind. Nun aber werden wir erinnert, daß auch die Gemeinde ein Zeichen ist, und zwar geht es dabei um die versammelte Gemeinde, um die Gemeinde, die sich versammelt, um im Namen Jesu Christi Gottesdienst zu feiern. Das heißt aber nicht nur: es kommen gläubige Menschen zusammen, um sich in frommem Gebet und in frommem Tun an all das zu erinnern, was Jesus Christus für uns getan hat. So mögen viele andere Religionen dieser Welt Gottesdienst feiern. Man muß immer wieder einmal zusammenkommen, damit man nicht vergißt, was der große Religionsstifter, den man verehrt, getan hat und was er gesagt hat für die Lebensführung seiner Anhänger. Das alles steckt natürlich auch in unserem Gottesdienst, und vermutlich meinen viele gläubige Gottesdienstteilnehmer nichts anderes. Man kann in solchen Erinnerungen sehr fromm sein. Ich meine nicht das übertriebene in „Erinnerung Schwelgen", wie es die deutsche Sprache ausdrückt. Aber etwas in der Erinnerung „wach"-rufen!, das gibt es doch auch.

Wir brauchen Jesus Christus nicht wach-zurufen. Unser Gottesdienst ist anders. Er ist überhaupt nur möglich, wenn wir Jesus Christus sozusagen „herbeirufen". Aber auch dieses Herbeirufen ist nicht das richtige Wort. Denn wie wir im Konzilstext gehört haben: Christus *ist* bereits zugegen, wenn sich die Gemeinde versammelt. Vielleicht kann uns dazu eine Erinnerung helfen, die mir nicht mehr aus dem Sinn kommt, wenn ich an diese Gegenwart Jesu in der Gemeinde denke. In der Wohnung meiner Großeltern hing ein Bild, das ich lebhaft vor Augen sehe. Eine Familie, die um den Wohnzimmertisch versammelt ist. Auf dem Tisch steht das Essen bereit. Vater und Mutter und die drei Kinder haben die Hände zum Gebet gefaltet. Darunter steht als Text: „Komm, Herr Jesus, sei unser Gast, und segne, was du uns bescheret hast."

Das Besondere an diesem Bild, das mich immer beeindruckte, war das gläubige Warten auf Jesus, den Gast, denn um den Tisch standen nicht nur die erforderlichen fünf Stühle, sondern noch ein sechster Stuhl. Es war der Platz für Jesus. Der Glaube an die Erfüllung dieses Gebetes war so groß, daß er sich in diesem stets bereitstehenden leeren Stuhl manifestierte.

Wenn wir nun das Bild in der Wohnung meiner Großeltern auf die zum Gottesdienst versammelte Gemeinde übertragen, dann müßten wir eigentlich etwas verändern. Der leere Stuhl muß weg. Denn die versammelte Gemeinde ruft ihn nicht herbei, wartet nicht auf ihn oder auf irgendein Zeichen, aus dem man nun schließen könnte, daß er da ist. Nein, das Zeichen ist die Gemeinde selbst. Weil die Gemeinde sich in seinem Namen versammelt hat, ist er gegenwärtig.

Wir könnten skeptisch fragen: Braucht Christus also die Gemeinde, um gegenwärtig zu sein?

Natürlich nicht. Darum geht es aber nicht. Es geht nicht darum, was Christus braucht, sondern was wir brauchen, damit uns der gegenwärtige Herr sichtbar und erfahrbar wird.

„Ich bin bei euch alle Tage bis zum Ende der Welt." Das ist uns garantiert. Und nach Ostern ist es den Jüngern klargeworden, daß Jesus Christus andere Möglichkeiten hat, um ihnen zu zeigen, daß er da ist und auch wie er da ist. Jesus Christus bleibt Mensch, weil er weiß, daß wir Menschen auf unsere Sinne angewiesen sind. Was wir nicht sehen, hören, fühlen, greifen, das nehmen wir auch nicht „wahr", wie unsere Sprache dies so treffend sagt.

Es ist nicht immer leicht, einem Menschen, der nicht an Gott glauben kann, zu helfen. Vielleicht kommt er mit der ganz einfachen Feststellung zu uns: Was ich nicht sehen kann, daran glaube ich nicht. Gewiß ist das ein etwas billiges Argument, und man greift nach modernen Vergleichen, um es zu entkräften. Man spricht z. B. von den elektrischen Wellen, die überall um uns vorhanden sind, aber erst akustisch oder visuell bemerkt werden können, wenn wir das Radio oder Fernsehgerät einschalten. Sicher kein schlechter Vergleich. Aber hat der nach Gott suchende Mensch nicht eigentlich eine ganz logische Frage gestellt?

Wie ist es möglich, daß er, der doch der auferstandene und erhöhte Herr ist, zugleich bei uns bleibt, mitten in unserer Welt, und auch in Zukunft jeder-zeit, die noch kommen wird, gegenwärtig sein wird, solange man überhaupt von Zeit-Räumen sprechen kann?

Dieses Mensch-Sein ist anders als damals. Zur Zeit Jesu gab es eben nur diesen einen Jesus von Nazaret, diesen einen Menschen, der zugleich Gottes Sohn war. Nach seinem Tod und seiner Auferstehung, ja man kann sagen, nach allen Ereignissen, von denen die Schrift nach dem Tode Jesu spricht, also auch nach Himmelfahrt und Sendung des Heiligen Geistes, lebt der menschgewordene Gott weiter, d. h. seine Verbindung mit den Menschen und der Welt wird nicht gelöst, sondern auf wunderbare Weise vertieft.

Diese Vertiefung bewirkt kein anderer als der „Heilige Geist". Jener Geist Gottes, der in Maria „Hochzeit" hielt mit der Menschheit und so der Welt den Gottmenschen bescherte. Damals hat die „Hochzeit" des Geistes mit dieser Welt in Jesus Christus begonnen. Als Jesus dann am Kreuz sich im Tod der Welt ganz hingegeben hat, ist das, was bei der Menschwerdung in Maria geschehen war, nun ein Geschenk geworden für die ganze Welt. Die Kirchenväter sagen: Am Kreuz wurde die Kirche geboren. Der Preis dafür war der Opfertod Jesu. Das ist der Neue Bund, die Verbindung des Geistes Gottes, der zugleich der Geist Jesu ist, mit der Welt, in der die Menschwerdung, die Inkarnation, jetzt nicht zu Ende geht, sondern erst richtig beginnt.

Das ist kein Heiliger Geist, der losgelöst ist von dieser Welt und vom Menschen – der nur als unbegreifliches Geheimnis in Gott zu Hause ist. Es ist nicht mehr der

Geist, der „über dem Wasser schwebt" (Gen 1, 2), sondern es ist der Geist, von dem es heißt: „Der Geist des Herrn erfüllt den Erdkreis, er, der alles zusammenhält..." (Weish 1, 7). Die „Hochzeit des Geistes" mit dem Menschen, die in Jesus Christus auf die vollkommenste Weise geschehen ist, ohne daß ein Mensch beteiligt war, ist eine Verbindung von Gott und Mensch, die niemals wieder zerstört werden kann. Sie wird auch eines Tages bei der Vollendung der Welt, wenn Gott „alles in allem" (vgl. 1 Kor 15, 28) sein wird, sichtbar und erfahrbar für alle Welt. Jetzt ist sie noch nicht für alle Welt sichtbar. Sie war sichtbar in Jesus von Nazaret. Sie wurde wieder unsichtbar, als Jesus seinen eigenen menschlichen Leib unseren Blicken bei der Himmelfahrt entzog. Aber die Hochzeit des Geistes mit dieser Welt, die mit Jesus begonnen hat, kann nun ihren Weg gehen, und so bleibt uns dieser Jesus leibhaft erhalten, sichtbar und begreiflich; nur anders sichtbar als zu der Zeit, da sein menschlicher Leib unserem armseligen Leib angepaßt war.

Auch der glaubende Mensch braucht eine äußere Hilfe, Gott menschlich zu erfahren. Seine Sinne verlangen einen Anhaltspunkt, um daran erfahren zu können, daß Gott da ist. Dieser An-halts-punkt, d. h. das, woran man sich halten kann, ist also zunächst und zuerst jener Mensch, wie er auf dieser Welt lebte: Jesus von Nazaret. Und die Anhaltspunkte, an die wir uns nach seinem Tod und nach seiner Auferstehung halten können, sind die Mysterien der Kirche.

Darum ist der erste und naheliegendste Anhaltspunkt, um den auf dieser Erde weiterlebenden Christus erfahren zu können, der lebendige Mensch selbst.

Jeder Christ ist ein Anhaltspunkt, woran ein Mensch Gott erfahren kann. Denn in jedem Getauften soll etwas von Christus sichtbar werden.

Die Gemeinde jedoch ist mehr als der Einzelne. Sie ist

ein unübersehbares Zeichen für den Christus, wie er nach seiner Auferstehung lebt: nicht allein, nicht als einzelner Mensch wie vor seinem Kreuzestod, sondern in jener Gemeinschaft, die wir „Kirche" nennen. Die Gemeinschaft derer, die an ihn glauben, die versammelte Gemeinde, ist mehr als eine Anzahl von Menschen. Sie ist etwas anderes als eine Ansammlung von Leuten, die sich aus irgendeinem Grund zusammenfinden. Vielmehr ist diese Gottesdienst feiernde Gemeinde ein sichtbares Zeichen für die Kirche. Sie ist der „mystische Leib Christi", die sichtbare Kirche. „Ich bin der Weinstock, ihr seid die Reben" (vgl. Joh 15, 5); das ist Einheit, pulsierendes Leben, Leben des Heiligen Geistes, der sich nie mehr trennt von jenen, die an diese Verbindung glauben, von jenen, die „ergriffen" sind von der Kraft des Todes Christi. Darum wird Jesus gegenwärtig in der sichtbaren Versammlung jener, die das Geheimnis von Tod und Auferstehung in der Eucharistie feiern. So ist es gemeint, wenn das Konzil mit dem Wort der Schrift sagt: „Wo zwei oder drei in meinem Namen versammelt sind, da bin ich mitten unter ihnen" (Mt 18, 20). So bleibt Jesus immer dort und ist immer dort gegenwärtig, wo Menschen, die an ihn glauben, die an seinen Tod und an seine Auferstehung glauben, sich versammeln. Hier wird die Verbindung des Geistes Gottes mit der Menschheit und mit der Welt sichtbar und wirksam.
Auch hier erkennen wir wieder: Die Gemeinde wird zum „Mysterium". Denn nur der Glaube kann in der Versammlung dieser Menschen den gegenwärtigen Christus erfahren. Was „offen" liegt, ist oft alles andere als geeignet, Christus zu entdecken. Jede Gemeinde besteht aus fehlerhaften Menschen, und erst recht ist noch nicht jede Gemeinde ein Abbild der Gott lobpreisenden Kirche, die in ihrem Beten und Singen etwas weiß von ihrer Berufung. Aber selbst dann, wenn die Gemeinde ein solches Abbild der Kirche wäre, daß von ihr das Wort des heiligen

Paulus gelten würde: Wenn ein Ungläubiger oder Unkundiger in euren Gottesdienst kommt, „wird er sich niederwerfen, Gott anbeten und ausrufen: Wahrhaftig, Gott ist bei euch!" (vgl. 1 Kor 14, 23–25), selbst dann müßte man auch hier sagen: Was vor unseren Augen offenliegt, ist nicht das Letzte. Den gegenwärtigen Christus können wir nicht sehen, aber an uns liegt es, daß wir das, *was* offenliegt, immer deutlicher zur Tür werden lassen, durch die man im Glauben hindurchgehen kann, um das verborgene Mysterium zu entdecken, den erhöhten Herrn, der sich in seiner Herrlichkeit verbirgt, aber in der Armut einer menschlichen Gemeinde sich offenbart und gegenwärtig wird.

Das also ist die Wiederentdeckung der Gemeinde für den Gottesdienst. Wir müssen es lernen, aus dieser Wiederentdeckung unsere Konsequenzen zu ziehen. Denn das gilt ja nicht nur für die Meßfeier, sondern auch für alle anderen Gottesdienste, für das Stundengebet (Laudes, Vesper, Komplet), für jede Andacht, besonders aber auch für die Feier der Sakramente.

Die Konsequenzen heißen: glauben und vertrauen, daß mir in der Gemeinde Jesus Christus selbst begegnet.

Wenn wir heute z. B. von einer „Taufgemeinde" sprechen, dann doch nicht deshalb, weil der Taufende möglichst viele Leute um sich herum haben will, die vielleicht den Gottesdienst schön gestalten, sondern weil auch mit dieser betenden und singenden Gemeinde der Leib Christi gegenwärtig ist, die Kirche, der ja in diesem Augenblick ein neues Glied eingefügt wird. Da wird keine neue Mitgliedskarte ausgestellt, sondern da wird ein Mensch angeschlossen an den „Stromkreis" Christi. Er wird aufgenommen in die Familie derer, die teilnehmen am Leben des Heiligen Geistes. Wir erinnern uns noch an Zeiten, wo man ohne „Aufsehen" taufte, vielleicht nach einem Sonntagsgottesdienst in einem Winkel der Kirche, wo der Taufstein versteckt war.

Die Gemeinde ist wiederentdeckt – das könnte jetzt für alle anderen Gottesdienste und sakramentalen Feiern beschrieben werden. Es würde aber die Absicht dieses Buches überschreiten.

b) An die Gemeinde glauben!

Doch wir sollten nachdenken, wie wir weiterkommen mit dieser Neuentdeckung. Es ist ja ein Stück Neuland für unseren Glauben. Das gilt für die Gemeinde genauso wie für den Priester, für den Diakon, für jeden Leiter eines Gottesdienstes. Noch bevor unser Glaube an die Gegenwart des Herrn in den Gestalten von Brot und Wein „in Kraft" tritt, glauben wir an die Gegenwart des Herrn in der „Gestalt" der versammelten Gemeinde.
Das Zeichen der Versammlung wird also eine Bedingung für den Gottesdienst. Der Glaube an das Zeichen der Gemeinschaft und an das Zeichen der Gemeinde im Gottesdienst muß lebendig sein bei Beginn des Gottesdienstes.
Wer an Brot und Wein als Zeichen für Christi Gegenwart glaubt, kann auch die Gemeinde im Gottesdienst als Zeichen für seine Gegenwart nicht übergehen. So werden sich Priester und Gläubige während der ganzen Gottesdienstfeier immer wieder fragen müssen, ob sie den Glauben „an sich selbst" besitzen, den Glauben an ihre Verantwortung, geeignetes „Medium" zu sein für den gegenwärtigen Herrn. Gerade unsere Gottesdienste, die nicht Eucharistiefeier sind, brauchen dringend dieses „offene Mysterium", dieses „gläubige Selbstverständnis" der Gemeinde. Das beginnt bereits mit dem Eröffnungs-Ritus. Den ersten Beitrag zum Eröffnungs-Ritus muß schon das Eröffnungs-Lied für das Zustandekommen der Versammlung leisten. In der Begrüßung erinnert der Leiter des Gottesdienstes daran, daß alle im Namen

des Herrn versammelt sind, und dabei muß die Gemeinde spüren, daß der Vorsteher der Gemeinde selbst an jene Gemeinschaft im Heiligen Geist glaubt, von der er ja im Gruß spricht und die er seiner Gemeinde wünscht. In diesen ersten Augenblicken des Gottesdienstes muß es zu diesem persönlichen Kontakt kommen, damit eine lebendige Versammlung im Glauben zustande kommen kann.

So hilft der Vorsteher seiner Gemeinde, dem Herrn zu begegnen. Vor allem aber wird er selbst mit den Gläubigen ein Hindernis ausräumen, das einer echten Gemeinschaft und Versammlung im Wege steht. Dieses Hindernis ist die Sünde. Darum steht im Eröffnungsritus der Messe und auch in den meisten anderen gottesdienstlichen Feiern das gemeinsame Schuldbekenntnis der ganzen Gemeinde einschließlich des Vorstehers.

Wenn nun die Hindernisse zwischen der Gemeinde und Gott und auch innerhalb der Gemeinde selbst ausgeräumt sind, dann erst ist aus den Versammelten die Versammlung des Herrn geworden. Dann ist mit einer soliden, vom Glauben getragenen Eröffnung das Tor aufgetan in das Mysterium der Gemeinde, die nun selbst Zeichen für den gegenwärtigen Christus ist. Jetzt kann der Vorsteher es wagen, zusammen mit den Gläubigen das Wort an Gott den Vater zu richten, jetzt kann er sagen: „Lasset uns beten." Jetzt spricht er die erste „Oration", das Gebet an den Vater, „durch Christus, unseren Herrn".

18. Christus im Wort

a) Das Wort von Mensch zu Mensch

Es ist für uns Menschen, die wir nur in bestimmten Vorstellungen denken können, nicht leicht, über diese Vorstellungen hinauszukommen. So war es schon zu allen Zeiten für gläubige Menschen äußerst schwierig, sich vorzustellen, daß Christus „im" Brot gegenwärtig sein soll. Wir werden darauf noch einmal zu sprechen kommen. Hier soll es nur anklingen, weil damit eine andere Aussage erst recht schwer vollziehbar wird. Es handelt sich um die Gegenwart „Christus im Wort". Gerade dies hat ja das Konzil betont in dem bereits zitierten Text: „... Gegenwärtig ist er in seinem Wort, da er selbst spricht, wenn die heiligen Schriften in der Kirche gelesen werden" (Liturgie-Konstitution, Art. 7).

Bevor wir darüber nachdenken, wie es möglich ist, daß Jesus Christus im Wort sein kann, ist es aufschlußreich, wenn wir uns überhaupt einmal mit der Frage beschäftigen: Was ist denn das Wort? Wir gebrauchen es ständig im täglichen Leben. Wir reden unaufhörlich – es wird geredet – es wird geschwätzt – man unterhält sich – es gibt viele Formen und Arten, das Wort zu gebrauchen. Ohne Zweifel ist das Wort das wichtigste Medium von Mensch zu Mensch, gewissermaßen das menschlichste Hilfsmittel, sich zu verständigen. Heutzutage ist man ja unaufhörlich dabei sich zu verständigen. Das kann zunächst einfach bedeuten: man füttert den Verstand mit Informationen. Das kann geschehen durch das gelesene Wort und durch das gehörte Wort. Ich kann die Zeitung lesen und kann die Nachrichten im Radio hören. Ich kann sogar beide Sinnesorgane zugleich einschalten und im Fernsehen sehen und hören.

Mit Nachrichten kann man also andere verständigen. Das ist eine völlig einseitige Angelegenheit. Während ich Zeitung lese, trete ich nicht in eine menschliche Verbindung mit dem Schreiber. Ich kann sein Wort nicht beantworten, wenigstens nicht unmittelbar. Ich müßte ihm zurück-schreiben, einen Leserbrief zum Beispiel. Den Rundfunksprecher kann ich nicht unterbrechen, ich kann ihm nicht ins Wort fallen. Den Fernsehansager sehe ich zwar, aber ich kann ihn nicht ansprechen. Das heißt, wenn ich es tun würde, würde er sich keinen Deut um mich scheren, so als wäre ich gar nicht da.
Bei der Zeitung, beim Rundfunk, beim Fernsehen gibt es also keine Wort-Kommunikation. Und wenn ich sie versuchen würde, z. B. dem Fernsehansager einen guten Abend zu wünschen oder ihn zu bitten, doch etwas langsamer zu sprechen, so würde mich meine Umgebung vielleicht nicht für ganz normal halten. Ich versuche es also erst gar nicht, und mit der Zeit läßt das Gespür nach für die Einseitigkeit einer Information, auf die man sich im Augenblick nicht äußern kann. Manchmal jedoch fällt einem das wieder schlagartig auf, um nicht zu sagen: auf die Nerven, nämlich dann, wenn wir den Telefonhörer abnehmen und etwa folgende Worte vernehmen: „Hier automatischer Anrufbeantworter XY. Sie können mich jetzt nicht erreichen. Sie können eine kurze Nachricht von dreißig Sekunden Dauer hinterlassen. Bitte sprechen Sie." Viele Zeitgenossen werden bei dieser Telefonansage unsicher, sie können nicht sprechen und hängen ein. Obwohl sie sonst um Worte nicht verlegen sind, jetzt wissen sie einfach nicht, was sie sagen sollen.
Woher kommt das?
Wenn ich Zeitung lese, Radio höre, fernsehe, bin ich auf einseitige Information eingestellt. Aber wenn ich telefonieren will, dann rechne ich damit, daß ich auf meine Worte eine Ant-Wort erhalte. Das plötzliche Versagen

meiner eigenen Worte bei solch einem automatischen Anrufbeantworter hängt wohl damit zusammen, daß das Wort, und zwar das lebendig gesprochene Wort, auf eine Antwort eingestellt ist. Es ist menschlich und zufriedenstellend, wenn man Antwort erhält und antworten kann. Und es ist bedrückend und vielleicht sogar unmenschlich, wenn das Wort ohne Antwort bleiben mußte.
Das Wort von Mensch zu Mensch beschränkt sich aber keineswegs auf die Verständigung. Es wäre ein großer Verlust, wenn beim Austausch von Worten nur der Verstand betätigt wäre und wenn es nur um Informationen ginge.

b) Die Kraft des Wortes

Es kommt vor, daß der Mensch das Bedürfnis hat, einem anderen Menschen mehr zu sagen, als nur eine Neuigkeit mitzuteilen. Er möchte ihn nicht nur über etwas informieren. Man braucht den anderen für ein ganz persönliches Gespräch. Man möchte sich aussprechen. Wohlgemerkt: man möchte „sich" „aus"-sprechen. Eine oft gebrauchte und doch nicht immer genau überlegte Formulierung! Ich will ja nicht nur etwas erzählen, sondern sozusagen: ich will mich im Wort dem anderen anvertrauen, aus-sprechen. Ist es nicht eigenartig, daß man eine solche Kommunikation, ein solches Miteinander, eigentlich nur mit dem lebendig gesprochenen Wort kann? Wenn ich mich aussprechen will, werde ich wohl kaum dem anderen ein beschriebenes Blatt in die Hand drükken und ihn bitten, das zu lesen. Höchstens als Einleitung oder Ergänzung. Aber beim Aussprechen geht es darum, daß der andere mich hört. Trauer, Freude, alle Schwingungen meines Herzens kann ich in die Stimme legen. An der Stimme kann man einen Menschen erkennen, ohne ihn zu sehen.

Das Wort ist ein so feines Instrument, daß es alle Schattierungen aufnehmen kann. Hier spricht nicht mehr der Verstand, hier spricht das Herz. Lesen kann man mit dem Verstand, „hellhöriger" ist das Herz. Darum kennt unsere Sprache auch ein anderes Wort, das aus dem Bereich des lebendigen Wortes kommt: ich kann etwas „beherzigen". Das ist mehr als verstehen. Im Wort wohnt eine Kraft, die aufbauen und niederreißen kann. Wie kann sich ein Mensch sehnen nach einem guten Wort! Man kann aber auch einen Menschen mit einem Wort verletzen, verwunden. Es gibt Worte, die man nicht mehr zurücknehmen kann. Informationen kann man „dementieren"; bezeichnenderweise heißt „dementieren" wörtlich „ablügen". Ein Wort, mit dem ich einen anderen „getroffen" habe oder betroffen gemacht habe, kann ich nicht mehr zurücknehmen. Seltsam. Es war doch nur ein Klang, ein Augenblick nur, dann war es verklungen. Das Wort ist eben nicht nur ein kurzes Geräusch, das mit Hilfe der menschlichen Stimmbänder und der menschlichen Zunge hervorgebracht wird, sondern es ist ein Stück Mensch, was da „herauskommt" und den anderen so oder so getroffen hat. Vielleicht begreift man bei diesen Überlegungen auch manche Aussage der Heiligen Schrift, z. B.: „Denn lebendig ist das Wort Gottes, kraftvoll und schärfer als jedes zweischneidige Schwert; es dringt durch bis zur Scheidung von Seele und Geist, von Gelenk und Mark; es richtet über die Regungen und Gedanken des Herzens; vor ihm bleibt kein Geschöpf verborgen, sondern alles liegt nackt und bloß vor den Augen dessen, dem wir Rechenschaft schulden" (Hebr 4, 12–13).

Es ist also gar nicht verwunderlich, daß das menschliche Wort gleichgesetzt werden kann mit dem Menschen selbst, der es spricht. Wenn ich einem anderen Menschen sage: „Ich gebe dir mein Wort darauf", dann ist dies gleichbedeutend mit: Ich selbst verbürge mich dafür. Ich selbst, ich persönlich stehe dafür ein. Mein Wort, das bin ich selbst. Und wenn der andere sagt: „Ich habe sein Wort", dann weiß er, daß damit die ganze Person dahintersteht oder vielleicht besser gesagt: „im Wort steht". Wahrscheinlich muß man das alles einmal überdenken, meditieren, bevor man an die Frage herangeht, wie es denn möglich sei, daß Christus im Wort zugegen ist. So findet man noch andere Worte der Heiligen Schrift, die man dann begreifen lernt. „Das Wort ist Fleisch geworden." Ist dies nicht ein solches Wort? Kann man aus unseren Überlegungen, die sich bisher nur mit menschlichen Worten befaßt haben, nicht auch den Schluß ziehen, daß das Wort wirklich „im Anfang" war: „Im Anfang war das Wort ..."? Und ist es dann noch schwer zu begreifen, daß dieses Wort Gottes Fleisch wird, d. h. Mensch wird? Und daß dieses fleischgewordene Wort Gottes, dieser Jesus von Nazaret, das Wunder vollbringt, nach Tod und Auferstehung weiterzuleben im Wort mit derselben Kraft, wie sie in Jesus von Nazaret gewirkt hat? Jetzt aber so, daß die Kraft dieses Gotteswortes sich „niederläßt" und sich verbindet mit den Mysterien, d. h. hier mit dem Wort Gottes, wie es im Gottesdienst gesprochen wird.

„Gegenwärtig ist er in seinem Wort, da er selbst spricht, wenn die heiligen Schriften in der Kirche gelesen werden" (Liturgie-Konstitution, Art. 7).

c) Das „Wandlungswort"

Führen wir unsere theologische Meditation über das Wort noch einen Schritt weiter! Ein gutes Wort und das vielzitierte rechte Wort zur rechten Zeit besitzt noch eine ganz spezielle Kraft. Ein solches Wort kann „verwandeln". Eigentlich wird jeder Mensch von dem Wort, das er beherzigt, auch ein Stück verwandelt.

So braucht man sich gar nicht zu wundern, wenn Jesus Christus das Wort als sein Medium, als sein Instrument benutzt, um auf diese Weise zum Menschen zu kommen und bei den Menschen zu bleiben. Es sind immer menschliche Dinge und elementar menschliche Verhaltensweisen, die der auferstandene Herr verwendet, um auf dieser Welt zu bleiben. Gott bleibt Mensch. Das ist ja diese wunderbare Komposition von Menschlichkeit und Göttlichkeit, die Verbindung von dem, was jeder Mensch versteht, und von dem, was er nicht versteht, d. h. was ihm im Glauben geschenkt wird, seitdem er weiß, daß Gott seit Kreuz und Auferstehung Jesu Christi der „Wandlungskraft" keine Grenzen setzt. Der „Staudamm" ist niedergerissen, damit der Strom des Gottesgeistes nun die Erde erfüllen kann, nicht um sie zu vernichten, sondern um sie hineinzunehmen in Gottes Kraft. So wird auch das menschliche Wort zum Mysterium. Es wird ausgestattet mit der Wandlungskraft des Geistes im Gewand, in der Schale des menschlichen Wortes. Jesus Christus hat mehrfach von der Kraft des Gotteswortes gesprochen: „Der Mensch lebt nicht nur vom Brot, sondern von jedem Wort, das aus Gottes Mund kommt" (Mt 4, 4).

Wer denkt nicht an die Wandlung des Menschen bei dem Schriftwort: „Amen, amen, ich sage euch: Wer mein Wort hört und dem glaubt, der mich gesandt hat, hat das ewige Leben; er kommt nicht ins Gericht, sondern ist aus dem Tod ins Leben hinübergegangen" (Joh 5, 24).

Oder: „Ihr seid schon rein durch das Wort, das ich zu euch gesagt habe" (Joh 15, 3).

Im Wort erkennen wir am deutlichsten die Wandlungskraft des Todes Christi. Sie hat sich ja schon, wie wir gesehen haben, an der Gemeinde ausgewirkt, wenn die versammelten Gläubigen sich bewußt dem Opfer Christi stellen; wenn sie schon zu Beginn eines jeden Gottesdienstes alles aus dem Weg räumen, was Gott entgegen-

steht, ihre Sünden bereuen und bereit sind, die Mysterien zu feiern, um sich erneut der Kraft des Wortes Gottes sozusagen auszusetzen, um wieder ein Stück weiterzukommen auf dem Weg zum neuen Menschen.
Ohne Zweifel wirkt die Wandlungskraft des Wortes am stärksten und am totalsten, wenn in der Mitte der Eucharistiefeier Worte des Abendmahles wiederholt werden. Hier darf nochmals erinnert werden, daß diese Worte keine Zauberformel sind. Bezeichnenderweise sagt Paulus ja im ältesten Einsetzungsbericht der Heiligen Schrift: „Denn sooft ihr von diesem Brot eßt und aus dem Kelch trinkt, *verkündet* ihr den Tod des Herrn, bis er kommt" (1 Kor 11, 26).
Die Verkündigung also ist es, die zur Wandlung von Brot und Wein führt. Hier wird, um das Beispiel von oben zu verwenden, Christus im Wort ausgesprochen über Brot und Wein. Er selbst hat Auftrag und Vollmacht dazu gegeben. Nicht nur Wandlungsworte sind es, die hier verwendet werden, sondern das Ereignis des Gründonnerstags, das Pascha-Mysterium wird verkündet, in dem Tod und Auferstehung sich verdichten und die Erlösung der Menschheit neu gegenwärtig wird. Darum ist es keine Minderung, wenn wir statt „Wandlungsworte" Einsetzungsbericht sagen, denn die Wandlungsworte sind ja ein Teil dieser großen Verkündigung. Der Einsetzungsbericht seinerseits ist integriert in das eucharistische Dankgebet, das wir Hochgebet der Messe nennen. Das alles ist Wort, es ist Verkündigung. Wenn wir schon von Wandlungsworten reden, dann sind dies alles „Wandlungsworte", die an Intensität – wenn man so sagen darf – nach dem Willen Christi am stärksten sich auswirken am Brot und am Wein, so daß Jesus Christus selbst unser Brot und unser Wein wird, oder anders ausgedrückt: daß Brot und Wein Jesus Christus selber werden.

d) Ehrfurcht vor dem Wort im Gottesdienst

Das müssen wir festhalten: Jesus Christus ist „im Wort" gegenwärtig. Wenn schon ein Mensch „sich" im Wort aussprechen kann, dann ist es fast kein Wunder mehr, daß auch Jesus Christus im Wort aus sich heraus geht. Was daran wunderbar im Sinne des Übernatürlichen ist, ist sozusagen die Garantie der Gegenwart Jesu, weil diese Gegenwart nicht abhängig ist von irgendwelchen psychologischen oder soziologischen Fakten; nicht abhängig von der augenblicklichen Verfassung der Gemeinde, sondern garantiert wurzelt im Wandlungswunder des Kreuzes. Fest stehen Kreuz und Auferstehung in der Mitte einer feiernden Gemeinde, auch wenn die menschlichen Unebenheiten einer solchen Feier nicht zu beheben sind.

Das Wunder unseres Gottesdienstes, seine Feier und seine Anziehungskraft sind deshalb niemals in erster Linie die äußere Form, in der er gefeiert wird – wir sprachen schon davon –, sonst kann es sein, daß man in der Vielfalt der heutzutage möglichen äußeren Formen sich verfängt. Nein, das Wunder und die Anziehungskraft ist immer Tod und Auferstehung des Herrn bei der Meßfeier und seine Gegenwart in Gemeinde und Wort.

Wer diesen kostbaren Edelstein allerdings kennt, der wird alles tun, um ihm die Fassung zu geben, die ihm zusteht. Er wird auch das Vertrauen haben, daß die Fassung, die ihm von der Kirche gegeben worden ist, ein kostbares Erbe darstellt, das man nicht über Bord wirft. Dabei ist dieser von der Kirche gegebene Rahmen gerade jetzt in der Liturgie-Reform deswegen so flexibel, weil es kein starrer Rahmen ist, der diese Feier umgibt, sondern weil es um lebendige Menschen geht. Die Gemeinde soll ihre eigene Freude und ihren Glauben, ihr Kreuz und somit auch ihre Auferstehung mit einbringen, wobei die Überzeugungskraft des gottesdienstlichen Leiters von höch-

ster Bedeutung ist. Dieser lebendige Rahmen der feiernden Gemeinde fügt sich ein in den großen Rahmen jener Gemeinde, die Kirche heißt. Sie sprengt diesen Rahmen nicht, sondern spürt die Kraft jener Verbindung, die aus der Gemeinsamkeit der Gesamtkirche kommt.
Das Wunder, daß Jesus Christus im Wandlungswort gegenwärtig ist, erfüllt die ganze Feier des Gottesdienstes. So wird auch der Höhepunkt – wie wir gesehen haben – von der Kraft des Wortes erfaßt, und die ganze Gemeinde antwortet: „Deinen Tod, o Herr, *verkünden* wir, und deine Auferstehung preisen wir, bis du kommst in Herrlichkeit."
Es ist zu bedauern, daß dieser Höhepunkt der Verkündigung, sei es vom Zelebranten oder von der Gemeinde, in der Art, wie diese Worte vorgetragen werden, oft nichts ahnen läßt von dem Wunder, das mitten unter uns geschieht. Es ist doch kein Zufall, daß wenigstens ein Teil des Hochgebetes, der einleitende Lobpreis, die Präfation, im Meßbuch niemals ohne Noten abgedruckt ist. Wer nicht singen kann, soll wenigstens daran erkennen, daß diese Worte anders gesprochen werden müssen als etwa die Begrüßung am Anfang des Gottesdienstes. Noch ärmlicher wird es dann, wenn die Gemeinde sich zu diesem Wunder äußert und der Satz „Deinen Tod, o Herr . . ." nur in Volksgemurmel untergeht. Dann muß man sich fragen, ob diese Gemeinde überhaupt weiß, was geschehen ist. Vielleicht gibt man ihr auch nicht Gelegenheit, ihr Wort zu „erheben" in der schlichten Melodie, die hierfür vorgesehen ist. Mehr soll es ja nicht sein als das Hervorheben des Wortes, damit in diesen Worten etwas von dem Glauben der Herzen deutlich wird.

e) Der Wort-Gottes-Dienst

Wenn wir jetzt fast nur von den Wandlungsworten, d. h. vom Einsetzungsbericht und vom Hochgebet als Verkündigung gesprochen haben, dann könnte das Wort Gottes im Wortgottesdienst zu kurz gekommen sein.
Aber wir leben ja nicht mehr in den Zeiten, da man den Wortgottesdienst als Vormesse abgetan hat. Im Gegenteil! Das Konzil spricht von zwei Teilen der Eucharistiefeier: vom Wortgottesdienst und von der eigentlichen Eucharistiefeier, und in diesem Dokument über die Liturgie wird der Wortgottesdienst als eigener, selbständiger Gottesdienst wieder entdeckt und dringend empfohlen.
Im Jahre 1957 fand in Straßburg ein Kongreß statt mit dem Thema „Bibel und Liturgie". Damals wurde auch ein Referat gehalten: „Die ganze Messe verkündet das Wort Gottes." Der Referent, A. M. Roguet, erinnerte an die Andersartigkeit des Wortes im Gottesdienst. Aus seinem Vortrag wurde deutlich, daß die Wandlungskraft des Gotteswortes im zentralen Mittelpunkt der Eucharistiefeier, im Einsetzungsbericht also, über den ganzen Gottesdienst hin ausstrahlt. „Die Messe hat ja eigentlich die Aufgabe, dieses unteilbare und gleichsam wie in einem Punkt zusammengezogene Mysterium in der Zeitlichkeit auseinanderzufalten." [7]
Wir können das Wandlungswort nicht trennen von dem Wort der Verkündigung im Wortgottesdienst. Gerade dieser erste Teil der Meßfeier oder auch der selbständige Wortgottesdienst ist es ja, von dem die Kirche spricht, wenn sie die Gegenwart des Herrn im Wort Gottes hervorhebt. Die Verbindung zum Hauptteil der heiligen Messe besteht aber genau darin, daß das Wort Gottes

[7] A. M. Roguet, in: Das Wort Gottes und die Liturgie, Matthias-Grünewald-Verlag, Mainz 1960, S. 97.

auch im ersten Teil mit der Kraft des Heiligen Geistes ausgestattet ist.
Man könnte es eine „Intensivierung" der Wandlung nennen, wenn man vom Beginn der Eucharistiefeier bis zu ihrer Mitte vorstößt. Zuerst muß die Gemeinde sich selbst wandeln, die Bitte um Vergebung der Schuld aussprechen. So begegnet sie bereits dem wandelnden Christus, der eine Gruppe verschiedenster Menschen zur Gemeinde umwandelt, die in seinem Namen versammelt ist. Im Wort Gottes spricht Christus die Gemeinde an, d. h. er kommt mit dem Anspruch auf sie zu, sich vom Wort Gottes verwandeln zu lassen, zumindest das Wort Gottes – wie wir oben gesagt haben – zu beherzigen und Konsequenzen daraus zu ziehen.
Diese Möglichkeit, sich vom Wort Gottes wandeln zu lassen, besteht nicht in erster Linie darin, daß uns aus der Bibel Neuigkeiten vorgelesen oder Informationen gegeben werden. Das kann auch sein. Entscheidend ist vielmehr, daß die Kraft, die im Wort Gottes steckt, ein entsprechendes Instrument findet, das geeignet ist, diese Kraft weiterzugeben. Dieses Instrument ist der „Vorleser". Wir nennen ihn Lektor; es kann der Priester sein, der Diakon oder für die Lesung der Laienlektor. Es wäre ein Kapitel für sich, hier darzutun, was von diesen Lesern gefordert wird. Man muß es leider aussprechen: Hier könnte man manchmal die lateinische Sprache zurückwünschen, damit man den Text im Volksmeßbuch nachlesen kann. So leichtfertig gehen viele mit dem Wort Gottes um. Die Erfüllung dieses resignierenden Wunsches, wieder „nach"-zulesen, wäre ein Rückschritt. Das lebendige Wort hat eine so eigene Kraft, daß sie nie durch das gelesene Wort ersetzt werden kann. Man denke an den Vergleich: Einer will sich aussprechen und gibt dem Partner ein beschriebenes Blatt in die Hand. Oder auch ein Kind will mit einem vielleicht mühsam gelernten Gedicht seiner Mutter gratulieren und gibt der Mutter

zur Sicherheit den Gedichtband zum Mitlesen in die Hand.

Schwache Vergleiche, aber gerade hier zeigt sich, was der Leser des Gotteswortes sein müßte, damit sein Wort ankommt. Angefangen von einem Schlüssel, der manchmal notwendig wäre, um vorher mit zwei, drei Sätzen den Sinn des Textes aufzuschließen, schließlich die Vorbereitung, den Sinn des Textes so zu erfassen, daß man ihn nicht nur akustisch verständlich vorträgt – das genügt nicht –, sondern daß man ihn lebendig weitergibt, so lebendig, daß der Leser selbst zum Zeugen wird für das, was er liest. Das ist nicht leicht, denn der Vortrag des Gotteswortes in der Muttersprache gibt verräterisch preis, ob einer an die Gegenwart des Herrn glaubt, ob er weiß, daß Jesus Christus durch sein Zeugnis das Wort an die Menschen weitergeben will. Man kann von dem Wort „Zeugnis" das Wort „zeugen" ableiten. Wenn dieses Wort auch ein biologischer Begriff ist, so trifft er doch das, was hier auf geistlichem Gebiet gemeint ist. Wer ein echtes Zeugnis ablegt von dem, was er liest, der ist Zeuge aus Überzeugung und der – so darf man dann sagen – zeugt neues Leben in den Herzen der Zuhörenden. Der Zeuge ist Instrument jener Wandlung, die im Wort Gottes verborgen ist, die aber hier oft nicht zur Auswirkung kommen kann. Zeuge wie Zuhörer sind beide verantwortlich, ob das Wort sich auswirken kann, ob der Christus „im Wort" ankommt. Die Kirchenväter hatten die Gewohnheit zu sagen, daß es ebenso schuldhaft sei, das Wort Gottes zu vernachlässigen, wie konsekrierte Partikel zu Boden fallen zu lassen.

Im Gottesdienst werden viele Worte „gemacht". Alle stehen sie in Verbindung mit dem Urquell, mit dem Wort, das Fleisch geworden ist. Alle sind sie hineingenommen in das Kraftfeld der Wandlung, das vom Kreuzesopfer ausstrahlt. Dazu gehören auch die Worte der Predigt, auch das Lied und jedes Wort, das vom Zelebranten oder einem, der eine Aufgabe im Gottesdienst hat, ausgesprochen oder gesungen wird, sei es das anspruchsvollste Wort im Hochgebet an Gott den Vater, sei es eine schlichte Aufforderung an die Gemeinde. Das Wort wird von Christus her im Gottesdienst verdichtet. Er selbst ist im Wort. Und wenn dies auch nicht für alle Worte in dem hervorgehobenen Sinn gilt wie vom Wort der Verkündigung, so darf man nicht vergessen, daß Verdichtung ein Element der ganzen Feier ist. Darum sollte man nie profan und platt werden, auch nicht im schlichten Wort der Kommunikation mit der Gemeinde. Das will nicht sagen, daß man feierlich und phrasenhaft reden soll, das bedeutet aber: immer überzeugt sein von der Nähe des Gekreuzigten. Wer aus dieser Überzeugung spricht, wird auch den richtigen Ton finden.

19. Christus in Brot und Wein

a) Sende deinen Geist auf diese Gaben herab

Vor der Wandlung, in jeder heiligen Messe, breitet der Priester die Hände aus über Brot und Wein und betet: „Sende deinen Geist auf diese Gaben herab und heilige sie, damit sie uns werden Leib und Blut deines Sohnes, unseres Herrn Jesus Christus."
Der Geist Gottes wird herabgerufen über Brot und Wein. Es ist der Geist Gottes, der seit dem Tod und der Auferstehung Jesu sein Erbe weiterführt. Der Geist ist es, der uns den Opfertod Jesu und damit seine umwandelnde Liebe bewahrt. Immer wenn der Geist im Zentrum der Meßfeier herabgerufen wird durch das Wort, wird das Ereignis des Opfertodes Jesu gegenwärtig. Jesus Christus, der immer und überall gegenwärtig ist als der Christus, der durch den Tod in die Auferstehung geht, ER wird mit

seinem Opfertod, mit seiner Wandlung erneut faßbar in den Gestalten von Brot und Wein. So verwandelt er in jeder Eucharistiefeier die Menschen und die Welt in Gott hinein, vielleicht nur ein kleines Stück bei denen, die das Wort Gottes hören, aber nur unvollkommen befolgen, total aber in den Gaben von Brot und Wein, so total, „daß sie uns werden Leib und Blut unseres Herrn Jesus Christus".

Das ist der Höhepunkt der Mysterien. „Wie kann er uns sein Fleisch zu essen geben?" (Joh 6, 52).

Darüber streiten die Juden. Warum streiten wir eigentlich nicht darüber? Warum nehmen wir dieses ungeheuerliche Wort oft so gedankenlos hin? Manchmal hat man den Eindruck, wir Katholiken schweigen tot, was im Johannes-Evangelium in einer großen Rede Jesu so ausdrücklich dargelegt ist. Eigentlich müßten doch auch wir immer wieder aufbegehren wie damals die Jünger. Sie hatten ja schon manches mit Jesus erlebt und verkraften müssen. Aber dies war auch ihnen zuviel. Darum wagten sie eine Kritik: „Was er sagt, ist unerträglich. Wer kann das anhören?" (Joh 6, 60). Wir wissen ja, wie schwer es fällt, gerade in unserer „aufgeklärten Zeit" von diesem Mysterium zu sprechen, ohne es zu verwässern. Wer Kommunionkindergruppen leitet, weiß ein Lied davon zu singen. Auch die Kinder können bohrende Fragen stellen in dem Sinn: „Was er sagt, ist unerträglich. Wer kann das anhören?"

Was soll man antworten? Man spricht nicht mehr gern von der „heiligen Hostie". Das Wort ist ungewohnt und schwer. Kein Zweifel, daß es leichter ist, vom heiligen Brot zu sprechen. Aber das mißfällt vielen, weil sie befürchten, daß der Glaube an die Wandlung des Brotes abgeschwächt werden könnte. Jesus spricht selbst vom Brot. Das sollte man auch nicht übersehen, allerdings muß man dann den ganzen Text lesen: „Ich bin das Brot des Lebens. Eure Väter haben in der Wüste das Manna gegessen und sind gestorben. So aber ist es mit dem Brot, das vom Himmel herabkommt: Wenn jemand davon ißt, wird er nicht sterben. Ich bin das lebendige Brot, das vom Himmel herabgekommen ist. Wer von diesem Brot ißt, wird in Ewigkeit leben. Das Brot, das ich geben werde, ist mein Fleisch, für das Leben der Welt" (Joh 6, 48–51).

„Ich bin das lebendige Brot", „dieses Brot ist mein Fleisch", und etwas später verstärkt Jesus diese Aussage: „Denn mein Fleisch ist wirklich eine Speise, und mein Blut ist wirklich ein Trank" (Joh 6, 55).

Es ist ja bekannt, daß die Heiden den ersten Christen nachsagten, sie würden in ihren geheimen Zusammenkünften das Fleisch eines Kindes essen. So ungefähr muß es doch den Juden und den Jüngern gegangen sein, als sie diese Worte hörten. Und hier darf jeder Laie, ohne Bibelforscher zu sein, sich fragen, was mit diesen Worten denn nun wirklich gemeint ist. Denn daß es Jesus um etwas ganz Ungewöhnliches gegangen sein muß, das ergibt sich schon daraus, daß in dieser langen Rede die gleichen Gedanken öfter wiederholt werden. Deshalb muß man sich vor Abschwächung hüten. Man muß sich vor allem in acht nehmen, daß man die Antwort, die Jesus im Evangelium auf die Reaktion der Jünger gibt, so auffaßt, als wollte er selbst zurücknehmen, was er vorher gesagt hat. Es heißt ja: „Jesus erkannte, daß seine Jünger darüber murrten, und fragte sie: Daran nehmt ihr Anstoß? Was werdet ihr sagen, wenn ihr den Menschensohn hinaufsteigen seht, dorthin, wo er vorher war? Der Geist ist es, der lebendig macht; das Fleisch nützt nichts. Die Worte, die ich zu euch gesprochen habe, sind Geist und sind Leben" (Joh 6, 61–63).

Nimmt Jesus hier seine Aussagen vom Fleisch-Essen zurück und besänftigt die aufgeregten Jünger, er habe das alles ja nur geistig gemeint? „Die Worte, die ich zu euch gesagt habe, sind Geist und sind Leben." Es sieht tatsächlich so aus. Aber in Wirklichkeit hat er nichts zurückge-

nommen. Der entscheidende Satz hier heißt nämlich: „Was werdet ihr sagen, wenn ihr den Menschensohn hinaufsteigen seht, dorthin, wo er vorher war? Der Geist ist es, der lebendig macht; das Fleisch nützt nichts."
Hier spricht Jesus wieder von dem großen „Hinübergang", den die Kirche das „Pascha" nennt. Es ist sein Weg, den er zu gehen hat. Jesus geht diesen Weg über die Station des Kreuzes, und auf diesem Weg nimmt er alle mit, die ihm folgen wollen. Die Station des Kreuzes, sein Opfertod, ist der große Umbruch. Danach wird Jesus weiterleben, so wie es vor diesem Ereignis noch keiner begreifen kann.
Nach Kreuz und Auferstehung werdet ihr begreifen! Ihr werdet glauben, daß wahr ist, was ich euch jetzt sage. Ich werde tatsächlich eure Speise sein und euer Trank.
Sicherlich hat kein Christ – auch kein Katholik – jemals gemeint, daß Kommunizieren mit den realistischen Vorstellungen vom Fleisch-Essen erklärt werden kann. Schon beim Niederschreiben solcher Sätze merkt man, wie absurd es wäre, so zu denken. Andererseits wäre es gefährlich und nicht im Sinne dessen, was Christus gesagt hat, wenn einer meint: Selbstverständlich ist das alles geistig, um nicht zu sagen: symbolisch zu verstehen. Denn gerade das will Jesus vermeiden. Deshalb deutet er in dieser großen Rede schon auf eine kommende Zeit hin, wo es möglich sein wird, was jetzt so unmöglich, ja absurd erscheint. Der Verfasser des Johannes-Evangeliums weiß nach Ostern („wenn ihr den Menschensohn hinaufsteigen seht, dorthin, wo er vorher war") die Absicht Jesu richtig zu deuten, und von dieser nachösterlichen Sicht her müssen wir auch die eucharistische Rede verstehen.
Es geht tatsächlich zum rechten Verständnis dieser geheimnisvollen Rede um den Geist, der lebendig macht, weil das Fleisch nichts nützt.
Der lebendigmachende Geist ist jener Geist Jesu, der

nach der Auferstehung die Welt erfüllt. Aber wiederum muß es gesagt werden: Dieser Geist Jesu ist mehr als ein rein geistiges Wesen. Es ist der weiterlebende Jesus, der seinen Jüngern in den bekannten Ostererscheinungen leiblich sichtbar wird, nicht um ihnen zu sagen: Ich bin wieder so bei euch wie vorher, sondern um ihnen zu sagen: Ich habe einen Leib, ich habe Fleisch und Blut, ich bin auch heute noch ein Mensch, aber letztlich könnt ihr mein Menschsein jetzt nach der Auferstehung nicht vergleichen mit jener Materie von Fleisch und Blut, die ich vor dem Kreuzestod hatte. Das war Fleisch und Blut wie euer Fleisch und Blut. Jetzt nach meiner Auferstehung bin ich kein Geist, auch jetzt bleibe ich Mensch mit Fleisch und Blut. Aber ihr könnt diese andere Art von Materie, von Fleisch und Blut, nicht erkennen, wenn ihr nicht an den Heiligen Geist glaubt, an den Geist, der lebendig macht und der eines Tages auch euch so verwandeln wird, wie ihr im Glaubensbekenntnis ein Leben lang gebetet habt: „Ich glaube an die Auferstehung des Fleisches.“ [8]

Das ist die Auferstehung mit Leib und Seele, die uns allen geschenkt wird und die Christus am Kreuz so teuer bezahlt hat. Es ist die Garantie, daß wir erlöste Menschen sind und nicht etwa als Engel im Himmel weiterleben. Das ist nicht nur beruhigend, sondern auch beglückend. Denn unsere Identität, wie man heute sagt, wird nicht zerstört, sondern im Gegenteil: sie wird gereinigt von allen Dissonanzen. [9]

[8] Die deutsche Übersetzung „Auferstehung der Toten“ schwächt diese Aussage ab. Der lateinische Text des Apostolicums heißt an dieser Stelle: „carnis resurrectionem“, „Auferstehung des Fleisches“.

[9] Daraus ist die Konsequenz zu ziehen, daß im Himmel jeder noch der spezifische Mensch ist, der er vorher war. Man wird also einander kennen und erkennen. – Und andererseits: Alle Unebenheiten sind geglättet. Im Himmel ist alles „ausgestanden“, was oder wen man hier nicht „ausstehen“ konnte.

Wo keine Dissonanzen, da ist volle Harmonie, so wie bei Maria, die voll der Gnade war, in der es keine sündhaften Dissonanzen gab, und die bereits wie Jesus Christus mit Leib und Seele, d. h. mit dem neuen Fleisch und Blut (so könnte man wohl auch sagen) im Himmel, d. h. bei Gott, ist.

Mit diesen Überlegungen beginnt sich auch jener Schleier zu heben, der über dem Verständnis der eucharistischen Rede liegt. Wohlgemerkt, es geht nicht darum, das Geheimnis selbst zu entschleiern – darauf kommen wir gleich zu sprechen –, sondern das Unbehagen wegzunehmen, das damals alle gepackt hatte und heute auch uns erfaßt, wenn wir von Fleisch und Blut hören. Es ist die verklärte Menschlichkeit, von der hier die Rede ist, das neue Dasein Jesu, das – wie wir alle in unseren Überlegungen feststellen konnten – in menschlicher Weise mitten unter uns bleibt.

Darum die Worte der Kirche vor jeder Wandlung: „Sende deinen Geist auf diese Gaben herab und heilige sie, damit sie uns werden Leib und Blut deines Sohnes, unseres Herrn Jesus Christus."

Das ist also jener Heilige Geist, von dem Jesus spricht: „Der Geist ist es, der lebendig macht; das Fleisch nützt nichts." Und so macht der Heilige Geist jene Gaben von Brot und Wein lebendig, d. h. er verwandelt sie tatsächlich und wahrhaftig und wirklich in Jesu Fleisch und Blut, aber in jenen Jesus, wie er jetzt nach der Auferstehung mitten unter uns ist.

„Was werdet ihr sagen, wenn ihr den Menschensohn hinaufsteigen seht, dorthin, wo er vorher war?" Nun kann die Beklemmung von uns weichen. Jetzt können wir uns jenem Geheimnis öffnen, um das es bei Brot und Wein eigentlich geht. Und das ist gewiß nicht leicht, denn die Aussage Jesu bleibt bestehen, daß er uns Brot und Wein geben wird, die nicht mehr Brot und Wein sein werden, sondern verwandelt sind in sein nachösterliches, menschliches Dasein. Man braucht sich nicht zu wundern, daß seine Jünger auch das erklärende Wort des Herrn nicht verstanden haben: „Was werdet ihr sagen, wenn ihr den Menschensohn hinaufsteigen seht, dorthin, wo er vorher war?"

Deshalb verließen ihn viele Jünger. Auch der engste Kreis jener Zwölf muß wohl gezögert haben, denn Jesus fragte sie: „Wollt auch ihr weggehen?" (Joh 6, 67). Offensichtlich hätte er auch diese Enttäuschung hingenommen. Die rettende, bekannte Antwort gibt Petrus: „Herr, zu wem sollen wir gehen? Du hast Worte des ewigen Lebens" (Joh 6, 68). Er hat es letztlich erfaßt, er hat sich treffen lassen von den Worten des ewigen Lebens. Er war echt betroffen, aber er hat auch vertraut, obwohl er nicht verstanden hat, er hat diese Worte „beherzigt"[10].

b) Christus, unsere Speise

Auch für uns bleibt es ein Geheimnis, daß sich Jesus zum Essen und Trinken gibt. Eigentlich möchte man auch heute noch zurückweichen und Jesus zurufen: Es ist genug, du bist für uns Mensch geworden, du bist am Kreuz für uns gestorben und hast uns neues Leben geschenkt. Nun willst du noch weitergehen und sogar unser Brot werden. Ob jemals ein gläubiger Mensch so gebetet hat, ich weiß es nicht. Aber unausgesprochen hat man offensichtlich so gedacht, wenn man die Speise, die zur Kommunion ausgeteilt wird, so veränderte, daß man daran nichts mehr von Brot erkannte. Man hat alles, was daran sozusagen anstößig war, verändert. So als wollte man damit sagen: Das kann doch nicht sein, Christus in der Gestalt von einfachem Brot! Deshalb hat man die äußere

[10] So wie es in den Weihnachtserzählungen von Maria heißt, als sie nicht mehr verstand, was um sie herum vorging: „Maria aber bewahrte alles, was geschehen war, in ihrem Herzen" (Lk 2, 19).

Gestalt verändert. Die makellos weiße und kreisrunde Hostie war geeignet, in Ehrfurcht eine Brücke zu sein zu einer geheimnisvollen Speise, die man nur im Glauben empfangen konnte. Diese äußere Form der Hostie konnte zweifellos eine Hilfe sein, weil man damit eine Speise erhielt, die im normalen Leben in dieser Form nicht vorkam. Allerdings, ich kann mich gut erinnern, daß man uns im Kommunionunterricht an das Weihnachtsgebäck erinnert hat, das häufig auf weißen sogenannten Oblaten gebacken wurde. Und diese weißen Scheiben wurden ja auch mitgegessen. Damit konnte man erklären, daß die Hostie, so wenig eßbar sie aussah, doch etwas zum Essen war.

Wie schnell allerdings eine solche Hilfe zur Ehrfurcht sich zur Barriere umkehren kann, zeigt die Bemerkung eines Kommunionkindes unserer Zeit. Es wollte wissen, woraus denn die Hostie besteht, und fragte: „Herr Kaplan, ist das Plastik?" Die Hilfestellung der glatten, makellos weißen Scheibe ist dahin. Denn auf diese Frage muß man jetzt eine noch längere Erklärung geben, bis die Vorstellung einer „Speise" wieder hergestellt ist. [11]

Man muß also die Frage stellen: Worauf kam es Jesus an? Wollte er einfach im Brot und im Wein gegenwärtig sein? Sicher ist auch hier mehr gemeint als eine statische Gegenwart. Wenn Jesus in der Gemeinde gegenwärtig ist, dann deshalb, weil sie in seinem Namen zusammenkommt, weil die Menschen miteinander glauben und miteinander die Liebe Christi verwirklichen wollen. Wenn Jesus im Wort gegenwärtig sein will, dann deshalb, weil er die Menschen treffen will und betroffen machen will. „Ihr seid schon rein durch das Wort, das ich zu euch gesagt habe." Nie geht es darum, daß Jesus nur einfach-

[11] Man erinnert sich auch an Belehrungen früherer Zeit, daß man die Hostie nicht mit den Zähnen berühren darf. Auch hier der Versuch einer gewiß notwendigen Ehrfurcht, die aber offenbar an der Absicht Jesu vorbeigeht.

hin „da“ sein will. Es geht also nicht in erster Linie um „Gegenwart“, sondern um „Begegnung“. Immer geht es um den Menschen, der durch die Begegnung mit Jesus ein anderer wird. Und bei Brot und Wein geht es um die höchstmögliche Form von Begegnung. Kein Mensch sagt, wenn er gut gegessen hat: Heute bin ich einem guten Essen begegnet. Aber beklagt man es nicht oft genug, daß ein Mensch heute wieder einmal „ungenießbar“ sei. Und umgekehrt sind wir froh, wenn der „Ungenießbare“ endlich wieder „genießbar“ ist. Was will die Sprache sagen? Liegt nicht gerade auch hier wiederum im Geheimnis der Sprache der Versuch, etwas von einer menschlichen Begegnung auszusagen, die man rational nicht fassen kann? Darf man nach dieser kurzen Überlegung es wagen und ohne Zögern behaupten: Christus ist immer genießbar!?

Offensichtlich will Jesus Christus wirklich und wahrhaftig uns so nahe kommen und in der Art und Weise mit uns eins werden, wie Speise und Trank mit dem menschlichen Organismus eins werden. Ja, er macht diese Art von Vereinigung geradezu zur Bedingung für das „mit ihm leben“, für das ewige Leben nach Ostern und damit über den irdischen Tod hinaus: „Wenn ihr das Fleisch des Menschensohnes nicht eßt und sein Blut nicht trinkt, habt ihr das Leben nicht in euch“ (Joh 6, 53).

In diesem Sinn verwenden wir die Worte Jesu: „Ich bin das Brot des Lebens.“ Das heißt: Warum sollen wir nicht vom „heiligen Brot“ sprechen? Aber bevor wir das sagen, muß doch deutlich werden, daß dieses heilige Brot nicht ein geheiligtes Brot ist, sondern daß dieses heilige Brot Jesus selbst ist. Ich bin das Brot des Lebens, was heißt das anders als: Ich will euer Brot sein. Damit ist genau das gesagt, was der Katholik Wandlung nennt. „Das ist mein Leib“, das heißt doch: Dieses Brot, das ist jetzt mein Leib, dieses Brot, das bin jetzt ich! So nah will ich euch sein! Brot will ich euch sein!

Wir können uns an der Wandlung nicht vorbeimogeln und einfach vom heiligen Brot sprechen. Wir dürfen es unseren Kindern nicht vorenthalten, daß Jesus Brot sein will. Ob das so schwer ist zu erklären? Brauchen wir nicht geradezu ein kindliches Staunen dafür? Bedeutet es nicht für jeden Erwachsenen immer wieder ein kindliches Staunen, sich an Weihnachten zu erinnern: Gott liebt uns so, daß er ein Kind für uns wird? So sollte man wohl auch einem Kind sagen können, daß Jesus nicht nur ein Kind für uns geworden ist, sondern daß er darüber hinaus auch unser Brot werden will. Dann nehmen wir dieses heilige Brot so in uns auf, daß wir im Glauben staunen über die Wandlung und zugleich im Wissen, was Brot für den Menschen bedeutet, ergriffen sind von dieser wahrhaft göttlichen Er-findung. Denn nichts kommt uns näher als Speise und Trank. Nichts geht uns selbst so „in Fleisch und Blut über" wie Essen und Trinken. Ist es übertrieben, wenn in den paulinischen Briefen über 150mal zu lesen ist, daß Jesus Christus „in uns" lebt? Wie bedeutsam aber ist es dann, daß dieses Brot auch äußerlich wie Brot aussieht und wir sein Aussehen nicht „verwandeln" und verändern! Die Wandlung liegt tiefer. Würde das verwandelte Brot nicht mehr wie Brot aussehen, hätte es seine deutliche Zeichensprache verloren. Das Mysterium des verwandelten Brotes würde das Stück „Offenheit", das wir Menschen brauchen, nicht mehr besitzen.

Es ist ähnlich wie bei der Frage nach dem Wort Gottes. Wort Gottes ist mehr als Information. Es ist Zeugnis, Weitergabe des Lebens durch das Medium Wort. Dieses Mysterium des Gotteswortes sollen wir aber nicht noch einmal verschleiern durch den Vorhang einer fremden Sprache. Auch hier sollen wir dieses Stück „Offenheit" bewahren, das unserem Glauben eine Hilfe ist. Denn das Mysterium steckt hier nicht im Latein, sondern in der

Kraft des Heiligen Geistes, der das Wort füllt mit der Gegenwart des auferstandenen Christus.
Wenn wir also Brot sehen, dann ist dieses äußere Zeichen eine Stärkung unseres Glaubens. Vom Glauben an die Wandlung werden wir nicht dispensiert. Denn die Wandlung bringt nur die Liebe des Gekreuzigten fertig. Aber seine Liebe schenkt uns auch die für den Glauben entscheidende Hilfe, an der wir erkennen können, wie sich Jesus die Verbindung mit uns vorstellt. Er will unsere Speise sein und unser Trank.
Es geht – um es noch einmal zu betonen – nicht nur um Christi Gegenwart, es geht um viel mehr. Seine Gegenwart will Begegnung sein. Das verwandelte Brot ist in erster Linie zum Essen da und deshalb auch eine einmalige „Demonstration" der Gegenwart Christi. Jede Hostie, die eine Zeitlang aufbewahrt oder „gezeigt" wird zur Anbetung, wird eines Tages jener Bestimmung zugeführt, für die dieses Stück Brot verwandelt worden ist: sie wird Speise für den glaubenden Menschen.
Wenn es nur darum ginge, zu wissen, ob die Hostie wirklich Jesus Christus ist, dann wäre es tatsächlich nicht bedeutsam, auf den ersten Blick zu erkennen, daß sie die Gestalt des Brotes hat. Schon als wir noch Kinder waren, hat man uns gesagt: Schau auf den Altar zur Monstranz. Da ist der Heiland. Es war richtig, so zu sprechen. Aber wäre es nicht besser gewesen, wenn man uns belehrt hätte: Schau dort das Brot, das ist der Heiland. Er wird Brot für uns. So gut ist er zu uns.
Das Konzil hat Ernst gemacht mit der Gestalt des Brotes. In der Allgemeinen Einführung zum Meßbuch heißt es dazu: „Die Aussagekraft des Zeichens verlangt, daß man die Materie der Eucharistie tatsächlich als Speise erkennt. Daher soll das eucharistische Brot, auch wenn es ungesäuert ist und in der herkömmlichen Form bereitet wird, so beschaffen sein, daß der Priester bei einer Gemeindemesse das Brot wirklich in mehrere Teile brechen

kann, die er wenigstens einigen Gläubigen reicht. Die kleinen Hostien sind jedoch keineswegs ausgeschlossen, falls die Zahl der Kommunizierenden oder andere seelsorgliche Überlegungen sie erforderlich machen. Das Brotbrechen, das in apostolischer Zeit der Eucharistiefeier ihren Namen gab, bringt die Einheit aller in dem einen Brot wirksam und deutlich zum Ausdruck. Ebenso ist es ein Zeichen brüderlicher Liebe, da dieses eine Brot unter Brüder geteilt wird" (Art. 283).

Damit ist auch der alte Name für die Meßfeier wieder aufgetaucht, das Brotbrechen. Denn am Brot kann man nicht nur das „Essen" ablesen, sondern vorher schon das Geteiltwerden. So wird es auch zu einem Zeichen für die Hingabe des Gekreuzigten und Auferstandenen sowie für die Vereinigung mit ihm und für die Verbindung derer, die das verwandelte Brot essen.

Es gibt also „Erfahrungen" im Mysterium. Man kann an den Zeichen, die uns Jesus ausgesucht hat, an den elementar menschlichen Zeichen erleben, wie er uns begegnen will. Dieses Erlebnis ist sozusagen die Beschreibung und Illustration unseres Glaubens an die Gegenwart des Herrn. *Daß* er gegenwärtig ist, das sagt uns der Glaube an Kreuz und Auferstehung. *Wie* er uns begegnen will, das beschreibt die Eigenart der Zeichen. So wird das menschliche Zeichen zum Mysterium, und wir sollten heutzutage erkennen, daß wir aufgerufen sind, beim Glauben an die Wandlung nicht in zwei Extreme zu fallen. Man soll weder die Gegenwart des Herrn so sehr als Mysterium verstehen, daß auch die äußeren Zeichen unverständlich werden, man muß sich aber auch hüten, in der Freude über das heute wiederentdeckte äußere „offene" Zeichen, z. B. Gemeinde, Wort, Brot und Wein, dieses nur als Hülse zu sehen, als ein mit falschen Vorstellungen gefülltes Gefäß. Dieses wiederentdeckte äußere Zeichen ist gefüllt mit der Gegenwart des erhöhten Herrn.

Es wird viel Geduld notwendig sein, vor allem mit denen, die den Verlust des Mysteriums fürchten. Viele Gläubige z. B. trauern der weißen Hostie nach. Sie können noch nichts anfangen mit den neuartigen, wieder nach Brot aussehenden und nach Brot schmeckenden bräunlichen Hostien. Vielleicht war es leichter, nicht immer daran erinnert zu werden, wie „alltäglich" Christus für uns werden wollte. Vielleicht ist die nach Brot aussehende Hostie so etwas wie ein Ärgernis, weil sie die Niedrigkeit des Herrn noch deutlicher hervortreten läßt. Es war schon die Rede davon, daß man gelernt hat, keinesfalls mit den Zähnen an die Hostie zu kommen. Sicher stand hinter dieser Mahnung eine große Ehrfurcht. Aber war es vielleicht auch eine verständliche Scheu, zuzugeben, daß der Herr wie Brot behandelt werden will? Daß er gegessen und unsere tägliche Nahrung sein will?

Man sollte Verständnis zeigen gegenüber denjenigen, die noch gehemmt sind, die heilige Speise so zu begreifen und zu essen, wie man auch sonst Brot zu essen gewohnt ist. Vielleicht hilft ihnen Jesus gütig und mit einem ähnlich verstehenden Wort, wie er es dem Petrus sagte, der die Demut des Herrn nicht begreifen wollte, da dieser sich niederkniete, um ihm die Füße zu waschen.

Es gehört viel Glaube dazu, Christus so ernst zu nehmen, wie er ernst genommen sein will.

Manche haben heutzutage Sorge, daß Christus in der Gestalt des Brotes nicht mehr angebetet wird. Aber müßte uns nicht gerade das Bewußtsein: Christus will mein Brot sein, auf die Knie werfen, um diese Liebe Gottes zu uns anzubeten?

Sagen wir darum nicht nur: Dieses Brot ist Christus, sondern besser: Christus ist unser Brot. Und je deutlicher das wird vor unseren Augen, und erst recht dann, wenn wir davon essen, um so mehr werden wir erkennen, daß Gott uns in Christus zur täglichen Speise werden will.

20. Christus im Tabernakel und in der Monstranz

a) Wo ist Jesus Christus jetzt?

Wenn man ein Kommunionkind fragt: „Wo ist der Heiland?“, können verschiedene Antworten kommen. Sie könnten lauten: im Himmel, im Tabernakel, in meinem Herzen. Alle Antworten sind richtig, aber schwer miteinander zu verbinden.
Wenn wir Menschen nach einem „Wo“ fragen, dann meinen wir einen ganz bestimmten umgrenzten Raum. Daran sind wir als Menschen gebunden. Wir brauchen den Raum, wir brauchen die Zeit. Wir können nicht gleichzeitig an mehreren Orten sein. Da es bei unserer Frage um Gott geht, könnte man es sich einfach machen und antworten: Was wir nicht können, Gott kann es. Er kann gleichzeitig an mehreren Orten sein. Ja, wir wissen, daß Gott überall ist. Psalm 139 sagt das in einer sehr eindringlichen Art: „Wohin könnte ich fliehen vor deinem Geist, wohin mich vor deinem Angesicht flüchten? Steige ich hinauf in den Himmel, so bist du dort; bette ich mich in der Unterwelt, bist du zugegen. Nehme ich die Flügel des Morgenrots und lasse mich nieder am äußersten Meer, auch dort wird deine Hand mich ergreifen und deine Rechte mich fassen“ (Ps 139, 7–10).
Aber hier stehen wir wieder vor der wichtigen Unterscheidung zwischen Gott, dem Vater, und Gott, dem menschgewordenen Sohn, denn unsere Frage bezog sich ja auf Jesus Christus. Jeder Gläubige muß sich ehrlich fragen, wo er die „Heimat“ des menschgewordenen Gottes vermutet. Dieser Menschgewordene, Gekreuzigte, Auferstandene, in den Himmel Aufgefahrene ist ja noch immer Mensch, wenn auch sein stofflicher Leib von anderer Art ist als unserer. Kann man unsere Frage nach Je-

sus Christus so einfach beantworten, daß man feststellt: Er ist im Himmel? Und wenn es jemand besser ausdrükken will, damit Himmel nicht falsch als etwas Räumliches aufgefaßt wird, wird er sagen: Jesus Christus ist bei Gott. Und damit meint er natürlich auch „im Himmel". Zumindest besteht die Gefahr, daß dann die Vorstellung eintritt, Jesus Christus sei weit weg. Denn Gott bleibt für uns alle unbegreiflich und unerreichbar. Jesus Christus ist im Himmel bei Gott, also ist er doch eigentlich wieder unerreichbar. Man muß einmal, obwohl wir das schon angedeutet haben, ganz ruhig und nachdenklich die Frage stellen: Wie stelle ich mir die Himmelfahrt Jesu eigentlich vor? Daß es kein Auffahren nach Art eines Flugzeuges oder einer Rakete war, ist jedem klar. Aber wie war es denn sonst? Erinnern wir uns an die Ostererscheinung bei den Emmaus-Jüngern. „Dann sahen sie ihn nicht mehr", und doch wußten sie, daß er nicht fort war. Sie waren voller Freude, obwohl sie vorher noch ängstlich waren. Und es machte ihnen jetzt gar nichts aus, noch in der Nacht nach Jerusalem zurückzukehren; er war ja bei ihnen, obwohl sie ihn nicht sahen. Ja, vielleicht kann man sogar sagen: Weil sie ihn nicht mehr sahen, war er in ihrem Innersten gegenwärtig, und das war mehr als vorher.
Ähnlich wie die Heilige Schrift das „Verschwinden" von Jesus in Emmaus beschreibt, heißt es in der Apostelgeschichte: „Als er das gesagt hatte, wurde er vor ihren Augen emporgehoben, und eine Wolke nahm ihn auf und entzog ihn ihren Blicken" (Apg 1, 9).
Überall, wo das Bild der Wolke in der Heiligen Schrift, besonders im Alten Testament, auftaucht, ist damit die Herrlichkeit Gottes gemeint. Die Herrlichkeit Gottes verbirgt sich in dieser Wolke und macht sie zugleich sichtbar. Sozusagen ein Mysterium des alten Bundes.
Im Wesentlichen geschieht hier dasselbe wie in Emmaus. Er wurde ihren Blicken entzogen!

Beidesmal heißt es also nicht etwa: Er ist fortgegangen oder ähnlich; im Himmelfahrtsbericht wird nur hinzugefügt, daß dieses Unsichtbarwerden etwas zu tun hat mit der Aufnahme in die Herrlichkeit Gottes. Aber noch etwas ist wichtig. Viele stellen sich die Himmelfahrt Jesu so vor, als sei er dorthin zurückgekehrt, woher er gekommen ist. Fast könnte einem der Gedanke kommen, daß dieser menschgewordene Jesus die Hülle seiner Menschengestalt nach vollbrachtem Erlösungswerk doch mit einem Seufzer der Erleichterung verlassen hat und sich sozusagen wieder zu Gott emporschwang, so wie ein Schmetterling die Puppe verläßt und sich frei in die Luft schwingt. Nach allem, was die Heilige Schrift sagt, und nach allem, was wir überlegt haben, kann die einmal begonnene Menschwerdung niemals aufhören. Der neue Leib des Herrn ist ein menschlicher Leib in einer, wie oben schon gesagt, neuartigen Weise. Es ist ein Leib „mit Fleisch und Blut", den er uns in der heiligen Eucharistie reicht. „Der Geist ist es, der lebendig macht; das Fleisch nützt nichts" (Joh 6, 63).

Und dieser lebendigmachende Geist hat dem Auferstandenen jenen Leib bereitet, den er besitzt als der „Erste der Entschlafenen" (vgl. 1 Kor 15, 20).

So verstanden ist es auch richtig, vom leeren Grab am Ostermorgen zu sprechen, wenn man damit sagen will, daß nicht nur der Geist Jesu auferstanden ist, sondern auch sein Leib, ein unverweslicher Leib, wie die Schrift sagt: „Was gesät wird, ist verweslich, was auferweckt wird, unverweslich" (1 Kor 15, 42). Was Paulus hier von der Auferstehung eines jeden Menschenleibes sagt, das gilt in besonderer Weise für Christus, den „Ersten der Entschlafenen".

Jesus hat also den Menschenleib nicht, wie man sich denken könnte, nach Art einer lästigen Hülle abgestreift. Im Gegenteil, er hat ihn mitgenommen in die Herrlichkeit des Vaters. Allerdings sozusagen angepaßt an die Bedingungen göttlicher Lebensweise. Er hat seinen Menschenleib den neuen Bedingungen angepaßt, er hat ihn sozusagen für die göttliche Herrlichkeit „hoffähig" gemacht.

So ist er also mit Leib und Seele zum Vater gegangen. „In den Himmel aufgefahren" heißt also: er hat sein persönliches menschliches Dasein der göttlichen Herrlichkeit angepaßt, aber gerade weil er Mensch geblieben ist, stellt der lebendigmachende Geist unaufhörlich die Verbindung her zwischen ihm, dem auferstandenen und erhöhten Herrn, und uns Menschen. Er hat mit seinem Menschsein uns alle „hineingenommen" in die Herrlichkeit des Vaters. Wir sterblichen Menschen begegnen dem erhöhten Herrn im Heiligen Geist. So werden wir in Verbindung gebracht mit Jesus, der heute noch Mensch ist, und zugleich mit der Herrlichkeit des Vaters, in der Jesus „zu Hause" ist. Erinnern wir uns an das Schriftwort: „Wir werden zu ihm kommen und bei ihm wohnen" (Joh 14, 23).

So ist auch der Auftrag zu deuten, den Jesus Maria Magdalena gibt im Anschluß an die Begegnung, von der wir gesprochen haben: „Geh (aber) zu meinen Brüdern, und sag ihnen: Ich gehe hinauf zu meinem Vater und zu eurem Vater, zu meinem Gott und zu eurem Gott" (Joh 20, 17).

Hier zeigt Jesus, wie gerade jetzt nach der Auferstehung die Verbindung zwischen ihm und uns so vertieft ist, daß auch wir jetzt wie er zu Gott „Vater" sagen können. Gott ist in neuer Weise unser Vater geworden, weil Jesus unser Bruder bleiben will. Auch bei Mt 28, 10 sagt der Auferstandene zu den Frauen: „Fürchtet euch nicht! Geht und sagt meinen Brüdern, sie sollen nach Galiläa gehen, und dort werden sie mich sehen." Und die bekannte Schriftstelle ist ganz aus dieser nachösterlichen Überzeugung geschrieben: „Was ihr für einen meiner geringsten Brüder getan habt, das habt ihr mir getan" (Mt 25, 40).

Es ist also ein besonderes Zeichen der Verbundenheit, daß Jesus seine Jünger jetzt seine Brüder nennt. Himmelfahrt ist also sozusagen ein „optisches Verschwinden“ Jesu, eine Wiedervereinigung mit dem Vater insofern, als das leibliche, körperliche Auge nicht mehr das sieht, was es vorher sah.
Die neue Daseinsweise Jesu aber, sozusagen sein zweites menschliches Leben nach dem Tod, nimmt an der Herrlichkeit des allgegenwärtigen Vaters teil und ist infolgedessen in Verbindung mit den Mysterien auch immer und überall dort gegenwärtig, wo die Mysterien sind.
Wie entscheidend ist es deshalb, sich klarzumachen, daß Jesus Mensch geblieben ist, jetzt und in alle Ewigkeit. Denn nur so hat das Kind recht, wenn es sagt: Jesus ist im Himmel, im Tabernakel und in meinem Herzen, das heißt: in meinem Innersten.

b) Anbetung der Brotsgestalt

Stellen wir jetzt nach diesen notwendigen Grundlagen erneut die Frage nach Tabernakel und Monstranz.
Noch klingt uns das Wort des hl. Augustinus in den Ohren, der Jesus sprechen läßt: „Wachse und iß mich! Du wirst mich nicht in dich verwandeln, sondern du wirst in mich verwandelt werden.“ Denn das verwandelte Brot und der verwandelte Wein ist Speise und Trank für den Menschen, damit Jesus in uns lebt und in uns wächst. So wäre es eigentlich logisch, ja sogar notwendig, wenn bei jedem Gottesdienst das verwandelte Brot und der verwandelte Wein restlos ihrer von Jesus gegebenen Bestimmung zugeführt würden.
An dieser Stelle könnte man aufzeigen, daß es eine lange Entwicklung brauchte über die Aufbewahrung der kon-

sekrierten Gestalten bis zu dem Zeigen und Anbeten des verwandelten Brotes. [12]
Auf diese historische Beschreibung kann hier verzichtet werden unter der Voraussetzung, daß wir Entwicklungen in der Kirche akzeptieren, die sich entweder aus der Natur der Sache ergeben oder aus dem Auftrag der Kirche auf ihrem Weg durch die Zeit, das Erbe Jesu zu verwalten und im Heiligen Geist weiterzuführen.
So hat sich aus der Natur der Sache ergeben, daß man das verwandelte Brot nach der Meßfeier aufbewahrt hat, um Kranke oder Sterbende damit zu stärken.
Im Glauben an die Gegenwart des Herrn im verwandelten Brot hat man diese aufbewahrten Teile selbstverständlich nicht irgendwo unbeachtet abgestellt. Vielmehr entwickelte sich hieraus eine Frömmigkeitsform, auf die der katholische Christ nicht verzichten kann. Die Anbetung Jesu im Tabernakel ist ja geradezu das äußere Zeichen eines katholischen Gotteshauses geworden. Man denke an die wertvolle Möglichkeit, schon einem Kind das „ewige Licht" zeigen zu können und ihm zu erklären: Daran erkennst du, daß Jesus hier im Tabernakel ist. Hieraus ergibt es sich auch, daß man beim Betreten der katholischen Kirche das Knie anbetend beugt, daß man außerhalb eines Gottesdienstes die Kirche besucht, um den im Sakrament verborgenen Jesus Christus zu besuchen.
Die Liturgie-Reform wollte diese Form der Anbetung noch deutlicher herausheben. Sie hat deshalb dringend empfohlen, in den Kirchen wieder einen eigenen hervorgehobenen Ort der Anbetung zu schaffen und den Gläubigen zur Frömmigkeit zu empfehlen. Es ist die sogenannte Sakramentskapelle, wo man in ungestörter persönlicher Frömmigkeit verweilen kann.

[12] Vergleiche Emil Lengeling, Die Bedeutung des Tabernakels im katholischen Kirchenraum, in: Liturgisches Jahrbuch 16/1966, S. 156–186.

Es gehört zu den falschverstandenen Absichten der Liturgie-Reform, daß viele Gläubige hierin eine Abwertung des Tabernakels und der Tabernakel-Frömmigkeit gesehen haben. In Wirklichkeit wird durch die Aufstellung des Tabernakels an einem eigenen Platz für die Anbetung nicht nur die intimere Form der Anbetung erreicht, sondern auch vermieden, daß Meßfeier und Anbetung miteinander zu stark vermischt werden. Es soll den Gläubigen wieder stärker bewußt werden, daß der Altar in der Mitte der Kirche der Tisch ist, an dem das Kreuzesopfer des Herrn in der Meßfeier neu in die Gegenwart gerufen wird. Dazu kommt, wie wir gesehen haben, die Gemeinde zusammen, das Wort Gottes wird verkündet, und das alles ist schon Begegnung mit Jesus Christus. So fremd es vielleicht noch manchem klingen mag: die Konzentration auf den Tabernakel schon zu Beginn der Messe könnte dazu führen, daß man die Gegenwart des Herrn in der Gemeinde und im Wort übersieht und so das von Jesus eingesetzte Vermächtnis gar nicht recht mitfeiert. Erst der Höhepunkt des Einsetzungsberichtes, die Wandlung und Kommunion stellen den Gipfel dar, den man zusammen mit der Gemeinde sozusagen langsam besteigt. [13] Auch katholische Gläubige fragen manchmal, ob die Aufgabe des verwandelten Brotes und des

[13] „Bei der Feier der Messe werden die hauptsächlichen Weisen, in denen Christus seiner Kirche gegenwärtig ist, nacheinander sichtbar: zunächst wird seine Gegenwart sichtbar schon in der Gemeinde der Gläubigen, die in seinem Namen versammelt sind; dann in seinem Worte, wenn die Schrift gelesen und ausgelegt wird; ebenso in der Person des Priesters; schließlich in besonderer Weise unter den eucharistischen Gestalten. Daher entspricht es vom Zeichen her gesehen eher dem Wesen der heiligen Feier, wenn nach Möglichkeit nicht schon zu Beginn der Messe infolge der Aufbewahrung der heiligen Gestalten im Tabernakel die eucharistische Gegenwart Christi gegeben ist, die doch Frucht der Konsekration ist und als solche erscheinen muß" (Instruktion: Feier und Verehrung der Eucharistie, Rom 1967, Art. 55).

verwandelten Weines nicht sozusagen erlischt, wenn sie nicht erfüllt wird, wenn also Hostien übrigbleiben, die ihre Aufgabe, Speise zu sein, nicht erfüllt haben. So entsteht die Frage: Bleiben Brot und Wein verwandelt, wenn nicht gegessen, wenn nicht getrunken wird? Bleibt die Wandlung „erhalten", weil man die heilige Speise für Kranke aufbewahrt, die nicht an der Meßfeier teilnehmen konnten?

Es gibt theologische Fragen, zu deren Beantwortung oder zumindest für deren Behandlung man weit ausholen müßte. Aber vielleicht könnte gerade dann der Verdacht entstehen, man wolle etwas „beweisen", was man ohnehin mit dem Verstand nicht erfassen kann. Versuchen wir es also auf einfachere Weise. Auch Jesus war ja in der schwierigen Situation, Zuhörer zu haben, die keine theologischen Fachleute waren, sondern schlichte Fischer und Menschen der praktischen Arbeit. Deshalb sprach er „in Gleichnissen" zu ihnen. Sprechen wir also mit Jesu Worten: „Ich bin das Brot des Lebens." Daß er Brot verwendet und verwandelt, um mit uns eins zu werden, ist Gleichnis im tiefsten Sinn. So kann auch der einfache Mensch ahnen, wie nahe ihm der Herr sein will.

So brauchen wir eigentlich „nur" daran festzuhalten, daß in der Feier der Eucharistie Brot und Wein verwandelt werden in Jesu Fleisch und Blut, um Speise zu sein für den gläubigen Menschen. An Brot und Wein wirkt sich der Opfertod Jesu in totaler Weise aus. Die Wandlung am Kreuz hat den Tod getötet und das ewige Leben „in die Welt" gesetzt. Es ist der Gekreuzigte und Auferstandene, der im verwandelten Brot und im verwandelten Wein gegenwärtig ist, damit er „im Menschen", der diese Speise ißt und diesen Trank trinkt, wirken und wachsen kann. Weil diese Gegenwart Jesu eigens sozusagen darauf wartet, im Essen und Trinken aufgenommen zu werden durch den Menschen, kann diese Gegenwart erst dann aufhören, wenn die Bedingung erfüllt ist, wenn das ver-

wandelte Brot gegessen und wenn der verwandelte Wein getrunken ist.
In diese „Spannung", oder sagen wir mit einem ähnlichen, verdeutlichenden Wort: in diese „Spanne" der Zeit von der Feier der Eucharistie bis zur Kommunion, die im Fall der Aufbewahrung hinausgezögert ist, bleibt (wieder mit dem gleichen Wort ausgedrückt) die Gegenwart des Herrn „gespannt", bis sie sich löst in ihrer Erfüllung, d. h. im gläubigen Menschen weiterwirken kann.
So gesehen, ist es ein Geschenk für den gläubigen Menschen, daß ihm die Zeit geschenkt wird, vor dem unscheinbaren Stück Brot zu knien und den Herrn anzubeten, der darauf wartet, unsere Speise zu sein. Jetzt kann man die Tiefe der Wandlung meditieren, das verwandelte Brot vor Augen. Darum hat der Aufbruch der eucharistischen Anbetungsfrömmigkeit durch Juliana von Lüttich im 13. Jh. bis heute seine Aktualität nicht verloren. Nur sollte der Akzent von der mehr äußeren „Zeige-Frömmigkeit" zur inneren Frömmigkeit werden, die sich klarmacht, daß mit diesem Stück Brot etwas vor sich gegangen ist, was eigentlich unser eigenes Schicksal und das Schicksal der ganzen Welt ist. Der Aufbruch einer neuen Anbetungsfrömmigkeit wäre sicher auch in unserer Zeit denkbar, wenn wir Erkenntnisse und Überlegungen von der Wandlung der Welt hier einbringen würden. Die eucharistische Andacht im „Gotteslob" will dazu beitragen. Es gibt darin einen kleinen Abschnitt, der zur Meditation empfohlen wird:
„Christus nimmt Brot und Wein für dieses heilige Sakrament. Brot und Wein – Dinge unserer vergänglichen Welt, in der wir leben, einer Welt, die wir lieben, die uns aber auch oft zur Last wird. Diese irdische Speise, diese vergänglichen Dinge – Brot und Wein – werden gewandelt, hineingenommen in das ewige Leben des im Tod erstandenen Herrn. Nur die Wandlungskraft des Todes Christi kann die Welt und unser Leben ändern. In Zuver-

sicht dürfen wir sagen: Mit Brot und Wein ist schon ein Stück dieser alten Welt gewandelt in jene neue Welt, in der Gott ‚alles in allem' sein wird" (Gotteslob, Nr. 779, 6, S. 798).
Es wurde schon darauf hingewiesen, daß viele wertvolle Absichten des Konzils verkannt oder sogar in ihr Gegenteil verkehrt wurden. Wenn man die Texte nachliest, die sich mit der Anbetungsfrömmigkeit befassen, wird man immer wieder den Gedanken finden, daß wir angesichts des Brotes den Herrn anbeten, der nicht nur gegenwärtig wird (da ist er ja auch in der Gemeinde und im Wort), sondern der diese Wandlung im Innersten des Menschen fortsetzen will, der deshalb Speise sein will, damit letztlich der Mensch selbst zu dem wird, was Brot und Wein als Mysterium sind: Der Mensch soll für den Mitmenschen und für die Welt die Chance und die Möglichkeit sein, Christus zu begegnen.

Und was sagst du dazu?

Autor:
Wahrscheinlich wartest du längst darauf, daß ich mich wieder einmal ausdrücklich an dich wende. Es gab in den letzten Kapiteln so viel zum Gottesdienst zu sagen, daß ich die Überlegungen nicht unterbrechen wollte. Hoffentlich kam dir das alles nicht zu mysteriös vor. Sonst hätte ich das Gegenteil erreicht, was ich erreichen wollte. Ich nehme aber an, es ist dir ganz recht, wenn das Wort Mysterium erneut zur Sprache kommt.

Leser:
Bis jetzt habe ich mir unter Mysterium im Gottesdienst zwar nicht unbedingt etwas Geheimnisvolles vorgestellt, aber doch wenigstens gemeint, Gott müßte für uns immer, auch nachdem Christus auf die Welt gekommen

war, das große Geheimnis, das große Mysterium bleiben. Wenn man dieses Buch liest, hat man den Eindruck, daß von diesem Mysterium kaum noch etwas übrigbleibt.

Autor:
Du weißt, daß ich in unserem vierten Gespräch schon einmal auf diese Frage eingegangen bin. Ich bin aber ganz froh, daß sie noch einmal anders formuliert hier auftaucht. Du hast völlig recht: Gott bleibt für uns Menschen immer unergründlich. Wenn wir selber versuchen, uns irgendeine Vorstellung von Gott zu machen, kann sie immer nur sehr lückenhaft sein. Wir haben keine direkte Erfahrung von Gott. Wir sind ihm nie direkt begegnet. Darum versuchen wir alles, was wir an großen und schönen Dingen kennen, alles, was wir an Liebe und Barmherzigkeit auf dieser Welt erfahren, alles, was uns in diesem Leben froh und glücklich gemacht hat, sozusagen ins Unermeßliche gesteigert, uns vorzustellen und sprechen dann recht unbeholfen von Gott, dem „unendlich" Großen und Schönen, von Gott, dem „unendlich" Liebevollen und Barmherzigen, u. ä.
Es ist richtig und gut, daß wir so von Gott sprechen, denn tatsächlich kann es nur so sein. Gott muß das alles in unendlicher Fülle besitzen, was Güte, Liebe, Schönheit und alles Wünschenswerte auf dieser Welt bedeutet. Ja, er besitzt es nicht nur, sondern er *ist* es. Darum kann man es eigentlich nicht besser aussprechen, als es Johannes getan hat: „Gott ist die Liebe" (1 Joh 4, 8.16).

Leser:
Ich habe dich verstanden. So etwa habe ich es auch gemeint. Aber gerade deshalb möchte ich diesen Punkt noch mit einem Wort aus der Heiligen Schrift bekräftigen. Es heißt doch: „Kein Auge hat es gesehen, kein Ohr hat es gehört..." Dann dürfen wir doch sicherlich Gott auch nicht allzu sehr auf unsere menschliche Ebene hin-

unterziehen und so tun, als wüßten wir so viel von ihm.

Autor:
Tatsächlich, diese Schriftstelle gibt es. Aber wenn du schon dieses Wort so zitierst, solltest du doch den ganzen Zusammenhang dazu lesen. Es ist bemerkenswert, in welcher Verbindung dieses Zitat tatsächlich gebraucht wird. Paulus ergeht es nämlich ganz ähnlich wie mir, wenn er versucht, seiner Gemeinde von Korinth das Mysterium Christi zu erklären. Er sagt dort: „Wir verkündigen das Geheimnis der verborgenen Weisheit Gottes, die Gott vor allen Zeiten vorausbestimmt hat zu unserer Verherrlichung. Keiner der Machthaber dieser Welt hat sie erkannt; denn hätten sie die Weisheit Gottes erkannt, so hätten sie den Herrn der Herrlichkeit nicht gekreuzigt. Nein, wir verkündigen, wie es in der Schrift heißt, was kein Auge gesehen und kein Ohr gehört hat, was keinem Menschen in den Sinn gekommen ist: das Große, das Gott denen bereitet hat, die ihn lieben. Denn uns hat es Gott enthüllt durch den Geist" (1 Kor 2, 7–10).
Die Geheimnisse Gottes sind in sich tatsächlich unergründlich. Kein Auge und kein Ohr kann bei aller menschlichen Anstrengung diese Herrlichkeit Gottes vernehmen. Aber der gekreuzigte Herr hat dieses Geheimnis Gottes hierher auf die Welt, also zu uns, gebracht und eröffnet, und zwar, wie Paulus sagt, allen, die Gott lieben. Gemeint ist: allen, die der ungewöhnlichen Methode Gottes zustimmen, mit der er uns seine Geheimnisse geschenkt hat. So ist also genau in dieser Schriftstelle folgendes gemeint: Was *sonst* kein Auge sehen würde und kein Ohr hören würde, hat Gott eben doch denen geschenkt, die ihn lieben. Gott hat es ihnen enthüllt durch den Geist. Ausdrücklich sagt das der Herr bei Matthäus: „Euch ist es gegeben, die Geheimnisse des Himmelreichs zu erkennen" (Mt 13, 11).

Darum, lieber Leser, habe ich bewußt immer wieder gesagt: Es ist und bleibt für uns alle, ob wir im Zeitalter Christi leben oder im 20. oder 21. Jahrhundert, unbegreiflich, daß Gott seine eigene Unermeßlichkeit in so kleinen Gefäßen, wie es die beschriebenen menschlichen Zeichen sind, darreicht, und zwar ohne daß seine Unermeßlichkeit deshalb Schaden leidet. Begreiflich wird das nur deshalb, weil er seine Unermeßlichkeit so darreichen will, daß sie uns sozusagen „auf den Leib zugeschnitten" ist, d. h. in menschlicher Weise.

Leser:
Daß Christus in Brot und Wein gegenwärtig ist, das leuchtet mir ein – vielleicht weil ich seit meiner Kindheit daran gewöhnt bin. Ich habe gelernt: Das ist Christus in seiner ganzen Menschheit und Gottheit.

Autor:
Selbst diese altvertraute Glaubenswahrheit sollten wir immer wieder einmal durchmeditieren, damit es uns nicht zu selbstverständlich wird, einfach hinzunehmen, daß Gott seine ganze Herrlichkeit in einem Stück Brot anbietet! Dazu braucht man doch wirklich einen ganz großen Glauben, weil einem dabei abverlangt wird, zuzugeben, daß ein Stück Brot die Unermeßlichkeit Gottes, ja sogar Gott selbst in eigener Person darstellt, d. h. also, ohne den geringsten Verlust und ohne den geringsten Abstrich seiner göttlichen Herrlichkeit.
Es geht mir ja ständig darum, dir deutlich zu machen: Gerade deshalb, weil wir als Menschen nicht die Kapazität, d. h. das Fassungsvermögen besitzen, Gott in seiner ganzen Fülle aufzunehmen, sagt er nicht etwa: Ich gebe euch nur ein Stück von mir, das genügt für eure Bedürfnisse. Also: ein bißchen Freude, ein bißchen Glück, ein bißchen Seligkeit, ein bißchen Liebe, ein bißchen Barmherzigkeit. Nein, Gott konzentriert seine ungeteilte Lie-

be, Barmherzigkeit, Freude, Seligkeit, alles, was man noch hinzudenken mag, das alles konzentriert er auf menschliche Zeichen, auf menschliche Dinge, die unser Fassungsvermögen nicht übersteigen und die zugleich immer und zu allen Zeiten für den Menschen modern bleiben, d. h. elementar menschlich sind.
Ich würde mich freuen, wenn du jetzt auch den Schritt mit mir gehst auf dem Weg, den ich dir vorhin gezeigt habe, und daran glauben würdest, daß Christus diese urmenschlichen Zeichen nicht beschränkt hat auf Brot und Wein, sondern daß hinzukommt, was *alles* zur Mahlzeit gehört, das menschliche Beisammensein, die Versammlung also, und der Austausch im menschlichen Wort.

Leser:
Ich weiß, seit dem Konzil redet man sehr viel davon, daß Christus nicht nur im Brot und im Wein, sondern auch im Wort und in der Gemeinde gegenwärtig sei, das habe ich ja auch in diesem Buch wieder gelesen.

Autor:
Darf ich hierzu etwas berichtigen: Zunächst ist es nicht gut zu sagen, Christus sei *in* etwas gegenwärtig. Das verführt zu der Vorstellung, die ja gerade im Falle „Brot“ entstanden ist, als würde sich Christus sozusagen „klein“ machen, um so im Brot ganz gegenwärtig zu sein. Diese Idee ist ja wohl daran schuld, daß immer noch viele Menschen meinen, man dürfe die Hostie nicht mit den Zähnen berühren, geschweige denn kauen.
Nein, sagen wir lieber: Christus ist gegenwärtig in der Gestalt von Brot und Wein, in der Gestalt des Wortes, in der Gestalt der Versammlung. Noch konsequenter könntest du aber sagen: Christus ist gegenwärtig *als* Brot und Wein, *als* Wort und *als* Versammlung.

Leser:
Ich möchte dich jetzt aber noch bitten, mir einmal den Unterschied klarzumachen zwischen diesen drei Arten der Gegenwart: Gemeinde, Wort, Brot und Wein.

Autor:
Ich weiß, daß diese Frage immer wieder gestellt wird, und sie wird berechtigt gestellt. Aber ich meine, der Ansatzpunkt dieser Frage stimmt nicht. Ich denke, man darf diese drei Arten nicht einfach addieren, man darf also nicht sagen: Früher gab es eine einzige Art der Gegenwart, nämlich Brot und Wein – jetzt hat man die beiden anderen Arten auf katholischer Seite wieder entdeckt, also gibt es jetzt drei Arten der Gegenwart. Und wenn es drei Arten gibt, muß man sie eben miteinander vergleichen können.
Nein, so ist das nicht. Man müßte vielmehr ausgehen von der Tatsache, die wir in diesem Buch immer wieder in den Vordergrund gestellt haben: Der Pascha-Christus will gegenwärtig sein, d. h., um es noch einmal zu wiederholen: Seit der Auferstehung und Himmelfahrt ist der Pascha-Christus in der Welt gegenwärtig. Nur die Art seiner Gegenwart hat sich geändert. Diese ständige Gegenwart unseres auferstandenen Herrn in der Welt verdichtet und konzentriert sich, wenn seine Freunde, die Gläubigen, in Glaube und Liebe versammelt sind. Dann ist er in seinen Gläubigen, in dieser gottesdienstlichen Versammlung *greifbar* gegenwärtig. Diese Greifbarkeit kann nun verschieden sein. Er ist „greifbar" in der Versammlung, er ist „greifbar", d. h. hörbar im Wort, er ist „greifbar", d. h. eßbar in Brot und Wein. Immer handelt es sich um einen und denselben Christus, aber die „Verdichtung" ist verschieden.
Was die Versammlung angeht, ist er völlig angewiesen auf die Versammelten. Da bleibt immer noch einiges zu

wünschen übrig. Dennoch, er nimmt das Risiko auf sich, allerdings mit der Forderung: „Wenn du deine Opfergabe zum Altar bringst und dir dabei einfällt, daß dein Bruder etwas gegen dich hat, so laß deine Gabe dort vor dem Altar liegen; geh und versöhne dich zuerst mit deinem Bruder, dann komm und opfere deine Gabe" (Mt 5, 23–24). Aber er bleibt dabei: „Wo zwei oder drei in meinem Namen versammelt sind, da bin ich mitten unter ihnen" (Mt 18, 20).

Was das Wort betrifft, ist er wiederum angewiesen auf die Bereitschaft derjenigen, die sein Wort aufnehmen, und auch auf die Überzeugung desjenigen, der sein Wort verkündet.

Brot und Wein dagegen ist unbestreitbar die dichteste, konzentrierteste Gegenwart dieses Christus, weil diese Gegenwart zur Verwandlung führt. Man könnte auch sagen: Christus hat Brot und Wein der hier nichts im Wege stehenden Kraft der Auferstehung ausgeliefert.

Du siehst, wir könnten die drei Arten der Gegenwart zusammenfassen zu einer einzigen, wenn wir sagen: *Der Pascha-Christus wird gegenwärtig, wenn sich die Gemeinde zur Feier des Pascha-Mysteriums versammelt.*

Genauso beschreibt das Konzil die heilige Messe: „Die Kirche hat niemals aufgehört, sich zur Feier des Pascha-Mysteriums zu versammeln, dabei zu lesen, ‚was in allen Schriften von ihm geschrieben steht' (Lk 24, 27) (und) die Eucharistie zu feiern" (Liturgie-Konstitution, Art. 6).

Und was die Gegenwart angeht, heißt es dort bekanntlich: „Christus ist immerdar in seiner Kirche gegenwärtig, besonders in den liturgischen Handlungen ..., sowohl in der Person dessen, der den priesterlichen Dienst vollzieht ..., wie vor allem unter den eucharistischen Gestalten ... Gegenwärtig ist er in seinem Wort ... Gegenwärtig ist er, wenn die Kirche betet und singt, er, der versprochen hat: ‚Wo zwei oder drei versammelt sind in

meinem Namen, da bin ich mitten unter ihnen' (Mt 18, 20)" (Liturgie-Konstitution, Art. 7).
Der eine Pascha-Christus ist also in der Feier des Pascha-Mysteriums gegenwärtig. Aber diese Gegenwart beginnt schon, wenn die Gemeinde sich versammelt. Wer einen anglikanischen Gottesdienst besucht, kann an der Kirchentür die Bezeichnung lesen: „The holy communion" – „Die heilige Kommunion". Das heißt nicht etwa, hier wird die heilige Kommunion ausgeteilt. Tatsächlich ist die Feier der heiligen Messe gemeint. Die ganze Feier ist also überschrieben: „Die heilige Kommunion". Ich finde, das ist eine gute Überschrift! Denn wenn wir wirklich glauben an die Gegenwart des Herrn in der Versammlung seiner Gläubigen, dann beginnt die heilige Kommunion schon am Anfang der Messe, weil wir ihm ja schon in den Brüdern und Schwestern begegnen. Wir sind schon bei Christus, wenn wir anfangen, Eucharistie zu feiern. Wir brauchen also nicht die Frage zu stellen: Wann beginnt es in der Messe „ernst" zu werden? Ab wann sozusagen muß man sich besondere Mühe geben, „fromm" zu sein?! Für die Messe gilt: Wenn wir zu Beginn der Messe unsere Sünden ernsthaft vor Gott getragen haben, dann hat die Kommunion begonnen. Dann geschieht das, was Paulus den Menschen in Athen auf dem Areopag, ihrem Marktplatz, gesagt hat, um den Unterschied zwischen den heidnischen Göttern und unserem Christus deutlich zu machen: Wir haben einen Gott, von dem wir sagen können: „In ihm leben wir, bewegen wir uns und sind wir" (Apg 17, 28).
Versuche einmal selbst, damit Ernst zu machen, ich meine, mit dem Glauben an den gegenwärtigen Christus während des ganzen Gottesdienstes. Dann wird das Zusammensein mit den Mitmenschen im Gottesdienst nicht mehr lästig (was natürlich einmal vorkommen kann). Dann überwindet man schnell den schon einmal aufkommenden Wunsch, doch lieber allein sein zu wol-

len, sozusagen „für sich" zu sein. Dann meint man auch nicht mehr, die Eucharistiefeier müsse in heiliger Stille vor sich gehen. Dann weiß man, daß in allem, was da geschieht, Christus gegenwärtig ist und daß wir alle zusammen während des ganzen Geschehens „in Christus sind", damit dann im Höhepunkt des heiligen Mahles Christus in uns neu aufleben kann. Allerdings – und das gebe ich dir gerne zu –, wenn das alles in hektischer Eile vor sich geht, wenn ein Wort das andere jagt, wenn uns keine Zeit bleibt, uns über ein gesprochenes oder gesungenes oder gehörtes Wort zu freuen, wenn man sogar zweifeln muß, daß der Priester an die Gegenwart Christi in seiner versammelten Gemeinde glaubt und nur sein Pensum erfüllt – dann allerdings ist unser Gottesdienst nicht menschlich, wie ihn sich der Herr vorgestellt hat, er wird aber auch keineswegs „göttlich", dann kann er, ich bitte um Verzeihung, sehr unmenschlich werden.

Leser:
Vielleicht ist es auch deshalb gut, wenn wir das stille Gebet bei der Anbetung wieder entdecken.

Autor:
Ja, das meine ich auch. Nur sollte man nicht in die ruhige Anbetung flüchten, nur deshalb, weil die Meßfeier unruhig ist. Die Meßfeier bleibt immer ein gemeinschaftliches Tun. Die stille Anbetung ist eine zusätzliche notwendige Form der persönlichen Frömmigkeit.

Leser:
Ich sehe das ein, und deshalb scheint mir auch so wichtig zu sein, was du vorhin gesagt hast: Man muß den Zusammenhang sehen von Meßfeier und Anbetung. Diese „Spanne" Zeit, in der Christus als Speise bewahrt wird, ruft uns geradezu auf, seine Größe in der Niedrigkeit anbetend zu erkennen.

VI. Offen für die Welt

Gott bleibt Mensch im Gottesdienst und im Dienst am Menschen. Noch immer hört man die seltsame Idee, der Gottesdienst sei so etwas wie eine Tankstelle. Dort holt man sich den Kraftstoff für den Alltag. Dort ist Gott, dort ist Christus, und wenn er nicht selbst da sein sollte, so ist wenigstens sein „Tankwart" zur Stelle, der den Kraftstoff weitergibt.

Man hat diesen Kraftstoff in der religiösen Sprechweise Gnade genannt. Für den gläubigen Menschen war dabei oft nicht recht klar, was gemeint war. Wenn man in der Umgangssprache das Wort benutzt, tauchen andere Gedankenverbindungen auf: Gnade vor Recht ergehen lassen; aus Gnad und Barmherzigkeit; der Tod war eine Gnade für diesen Menschen.

Welche Bedeutung sollen wir uns nun heraussuchen, um zu erfahren, daß uns in der Kirche Gnade geschenkt wird?

Es gibt auch in der theologischen Sprache noch Unterschiede von Gnade. Aber darüber wollen wir jetzt nicht sprechen, es würde die Sache noch mehr komplizieren.

Wir wollen und dürfen den Begriff der Tankstelle nicht benutzen. Nicht nur, weil er uns zu profan vorkommt, sondern einfach deshalb, weil er ungenaue Vorstellungen weckt. Wenn wir von Gnade sprechen, die uns geschenkt wird, so ist das zwar richtig, weil das Werk der Erlösung, das Jesus Christus an uns vollbringt, eine Gnade, d. h. ein unverdientes Geschenk, ist. Aber wir wollen auch in diesem letzten Kapitel konsequent weiterführen, daß dieses Geschenk nicht irgendeine „Sache" ist – das Wort „Gnade" könnte dieses Mißverständnis herbeiführen –, sondern daß wir es immer zu tun haben mit Jesus Christus „persönlich". Seine Absicht, nach der Auferstehung alle

Tage bei uns zu bleiben, bezieht sich nicht nur auf den Gottesdienst, ja vielleicht nicht einmal letztlich auf den Gottesdienst, sondern auf die Welt. Es ist jene Welt, die den Mysterien nicht begegnet, die davon nichts weiß, und wenn wir realistisch denken, ist dies doch der größte Teil der Menschheit und der Welt. Darum wollen wir in den jetzt folgenden Überlegungen sehr bewußt Gottesdienst und Dienst am Menschen miteinander verbinden, nicht auseinanderreißen, sondern zeigen, daß man beides gar nicht trennen kann.

21. Der Stein, der ins Wasser fällt und seine Kreise zieht

Ein Vorgang, den wir alle kennen. Ein See mit spiegelglatter Wasseroberfläche. Du wirfst einen Stein, so weit du kannst. Du triffst etwa die Mitte des Wassers. Dort fällt der Stein hinein, und sofort bilden sich da, wo er verschwunden ist, deutliche Ringe und Kreise. Diese Kreise vermehren sich und werden größer. Und während sie größer werden und den kleinen See ganz erfassen, sehe ich, daß der Rand des äußersten Kreises bald zu mir gelangt ist, dorthin, wo ich stehe, an meine Füße, ans Ufer. Und es entstehen kleine Wellen, die an das Ufer schlagen. Wenn der Stein größer gewesen wäre und die Wucht stärker und der See noch kleiner, dann hätten die Wellen des äußeren Kreises einen noch größeren Teil des Uferbereichs erfaßt.

Man sagt nicht umsonst: Dieses Ereignis hat Wellen geschlagen, und man meint damit, daß es um sich greift und noch lange nicht vergessen wird.

Das Ereignis der Menschwerdung Gottes „greift um sich" und schlägt seine Wellen. Man könnte, um nun bei unserem Bild zu bleiben, sagen, daß das Ereignis der Menschwerdung jener Stein ist, d. h. jene Mitte, von der alles ausgeht und die dann um sich greift. Allerdings ist man zunächst überrascht, denn wir haben doch ständig festgestellt, daß das Kreuzesopfer, besser gesagt: das Pascha-Mysterium, der Mittelpunkt sei. Dann wäre dies also jener Stein, von dem die Kreise ausgehen. Das ist richtig. Aber wir müssen jetzt sehr genau und konsequent weiterdenken. Die Menschwerdung Gottes bis zum Kreuzestod des Menschgewordenen ist ja aufs ganze gesehen ein einziges Ereignis. Es war das Menschsein Jesu, das er gewissermaßen in seinem Tod zusammengefaßt, zum Höhepunkt gebracht hat, um in diesem Tod jene Wandlung zu vollziehen, die wir Pascha nennen. Und so wurde im Tod des menschgewordenen Gottes seine Menschwerdung ausgedehnt auf alle Menschen. Aus der Menschwerdung des Einen wurde die neue Menschwerdung für alle. Dieses Geschenk, daß alle Menschen etwas „erfahren" (um es zunächst vorsichtig auszudrücken) von Gottes Menschwerdung, dieses Geschenk kostete den Tod des Einen, den er aus Liebe zu den Menschen auf sich genommen hat. Menschwerdung ist ja, um es erneut zu betonen, bei Jesus Christus eine unerklärbare Vereinigung von Gott und Mensch. In Jesus Christus wird der Mensch ganz und gar von Gott „durchdrungen". Dieses Wort „durchdrungen" ist aber viel zu schwach, um das Ereignis der Inkarnation wiedergeben zu können. Deshalb würde man mit der vereinfachten Erklärung einer Durchdringung an die Grenze der wahren Lehre geraten. So ist auch der Begriff Inkarnation stärker und treffender als Menschwerdung. Denn Inkarnation bedeutet Fleischwerdung. Das Weihnachtsevangelium, das wir bei Johannes lesen, spricht den lapidaren Satz aus: „Und das Wort ist Fleisch geworden" (Joh 1, 14).

Gott hat es göttlich ernst gemeint, den Menschen nicht nur zu besuchen oder auch ihn „göttlich" zu durchdringen, nein, er selbst ist Fleisch geworden.

Diese nach Wiederholung aussehende Darstellung ist wichtig, weil wir jetzt begreifen wollen, daß es Gottes Ziel ist, diese Menschwerdung, die nämlich Jesus Christus in dieser Weise einmalig und unwiederholbar begonnen hat, nach seinem Tod und seiner Auferstehung in besonderer Weise weiterzuführen.
Die Menschwerdung Jesu bedeutet letztlich für den Menschen Erlösung in tiefstem Sinn, Lösung des Menschen aus der Verklammerung seines begrenzten und bedrohten Lebens, dessen Begrenzung und Bedrohung nicht von Gott kam, sondern seinen Ursprung hat in einer Schuld, die auf das Konto des Menschen geht. Aber diese Schuld wurde durch die Menschwerdung nicht einfach ungeschehen gemacht, sondern – wie die Schrift sagt – die Menschwerdung Jesu war Grundlage für eine neue Schöpfung. Die Kirche sagt das in einem Gebet ihrer Liturgie während der Feier der Osternacht nach dem Bericht über die erste Schöpfung: „Allmächtiger Gott, du hast den Menschen wunderbar erschaffen und noch wunderbarer erlöst . . .!" (Deutsches Altarmissale, Seite [87]). Diese Lösung aus der Schuld, aber noch mehr die Erneuerung des Menschen, war die unbeschreibliche Verbindung, die Gott mit den Menschen einging. Das war Gottes Ziel: die neue Schöpfung. Und weil es ja um Gott geht, der seine Pläne nicht ändern kann, darf man sagen: Dies ist Gottes eigentliches Ziel von Ewigkeit her gewesen, die Welt, seine eigene Schöpfung teilnehmen zu lassen an der Seligkeit des Schöpfers. Es geht also letztlich nicht um Bedrohung, Zerstörung und Untergang, sondern um das Neuwerden der Welt bis zu jenem Zeitpunkt, da Gott „alles in allem" sein wird.
Diese neue Menschwerdung für alle – das war der Opfertod des menschgewordenen Gottessohnes. Das war das Ziel der Erlösung, daß alle teilhaben sollten an einem Leben, das nun letztlich nicht mehr dem Tod entgegengeht, sondern trotz aller zeitgebundenen Bedrohtheit und aller

furchtbaren Rückschläge in der Geschichte der Menschheit dem ewigen Leben entgegengeht, ja dieses ewige Leben mit seinem verborgenen Glück bereits in sich trägt.
Wir haben gesagt: Die „Eingeweihten" wissen um die Frohe Botschaft. Wer eingeweiht ist in das Geheimnis Gottes, der kennt auch den Sinn der Welt, und der Sinn der Welt ist, daß alle Menschen sozusagen erfaßt werden von jener Welle, die in unserem Bild ans Ufer schlägt. Die Kreise, die von der Mitte ausgehen, umfassen die ganze Welt und die Menschheit. Die Mitte ist das Geheimnis Jesu Christi, des Menschgewordenen, in dem alle Ereignisse seines Lebens zusammengefaßt sind von der Menschwerdung bis zum Kreuzestod, Auferstehung, Himmelfahrt bis zu seiner Wiederkunft, die historisch gesehen noch in der Zukunft liegt.

22. Kann der Christ ein Christus sein?

Der letzte große Kreis, der von unserem Mittelpunkt ausgeht, umfaßt die ganze Welt. Es gab in den letzten Jahren in bestimmten katholischen Gruppen Ärger, die Anstoß nahmen an der deutschen Übersetzung der Worte, die bei der Wandlung über den Wein gesprochen werden. Die deutsche Übersetzung lautet: „Nehmet und trinket alle daraus: Das ist der Kelch des neuen und ewigen Bundes, mein Blut, das für euch und für alle vergossen wird zur Vergebung der Sünden. Tut dies zu meinem Gedächtnis."
Der Ärger kam zunächst aus der selbstverständlichen sprachlichen Anpassung, die sich ergibt, wenn man aus der Mentalität einer Fremdsprache dieselbe Mentalität treffen will für die Sprache, in die man übersetzt. Die wörtliche Übersetzung der Ursprache würde in unserer Sprache heißen: „... das für euch und für die Vielen"

vergossen wird. Gemeint ist „für alle", und nur so ergibt es in der deutschen Sprache einen Sinn.
Aber selbst wenn es hier nicht nur um Übersetzungsfragen ginge: dieser Unmut ist Zeichen einer engen Glaubensauffassung. Diese enge Auffassung sollte man nicht nur jenen erwähnten Kreisen zuschreiben; ähnliche Überlegungen entdeckt man leicht auch im gläubigen Menschen. Es ist die Meinung, christlich sein, katholisch sein, sei eine Lebenshaltung und Lebensgestaltung, mit der man sich die letzte Zukunft sichert, d. h.: Ich bin ein Christ, weil ich in den Himmel kommen will. Dafür muß ich einiges leisten, vor allem die Gebote halten.
So richtig die Formulierung ist: „Man muß sich den Himmel verdienen", bleibt diese letzte Garantie und höchste Form der Vollendung des Menschen bei Gott immer, auch für den besten Christen, ein unverdientes Geschenk. Gerade der „beste Christ", sagen wir: die Heiligen wußten es, daß alle menschliche Leistung auf dem geistlichen Gebiet in keinem Verhältnis steht gegenüber dem, was Gott hinzugibt. Es ist Gottes Wille, daß die Menschen in ihrem irdischen Leben von der Erlösung, die Christus gebracht hat, erfahren, daß sie die Frohe Botschaft kennenlernen, daß sie etwas wissen von dem Sinn ihres Lebens, ja daß sie sogar die auf den ersten Blick sinnlosen Ereignisse wie Leiden und Tod in Verbindung bringen können mit dem Kreuz Jesu; daß sie vielleicht sogar erkennen, wie persönliches Kreuztragen ein Weg zur Auferstehung sein kann, d. h. ein Weg, schon in diesem Leben im „Sinnlosen" einen Sinn zu finden. Diese Frohe Botschaft soll nach Gottes Willen jeder Mensch kennen, damit sein Leben ein glückliches Leben werden kann.
Um dieses Ziel kämpfen Menschen, seit es Menschen gibt. Wie viele Ideologien wollten das Paradies auf Erden schaffen und mußten letztlich doch kapitulieren!

Wir Christen haben manchmal, besonders in früheren Zeiten, das Paradies allzu schnell und ausschließlich in den Himmel verlagert, so daß wir es oft verpaßten, das Leben hier ernst genug zu nehmen, und auch verpaßten, das Leben froh genug zu nehmen.
Das also ist die Frage: Woher erfahren die Menschen die Frohe Botschaft Jesu Christi? Wer soll sie ihnen sagen? Nicht jeder Christ ist ein ausgebildeter Prediger. Und mancher käme bei seinen Mitmenschen auch schlecht an, wenn er auf dem Weg der „frommen Information" Bekehrungsversuche anstellen würde. Jeder Missionar weiß heute, daß Katechese entscheidend wichtig ist, daß aber das gesamte Leben und die Umwelt dazugehören. Noch schwerer ist es, den Menschen am Arm zu packen und mitzunehmen in den Gottesdienst. So etwa wie wir in der Schrift von der ersten Begegnung der Jünger mit Jesus lesen: „Sie gingen mit und sahen, wo er wohnte, und blieben jenen Tag bei ihm" (Joh 1, 39b).
Aber wie soll es anders möglich sein? Wenn ich nicht durch Worte und Zureden etwas fertigbringe, dann bleibt nur noch das gute Beispiel.
„Nur noch das gute Beispiel!" Man kann diese Worte ehrlich in Anführungszeichen setzen, denn es ist zwar richtig, daß gute Beispiele mitreißen, nur muß man sich fragen: Wo sind die Menschen mit den mitreißenden Beispielen? Wo sind die mitreißenden Menschen? Bin ich ein mitreißender Mensch?
Es ist bestimmt richtig und wichtig zu versuchen, das gute Beispiel noch deutlicher vorzuleben, aber man möchte fast sagen, die bedauernswerten Mitmenschen wären doch recht einsam und verlassen, wenn sie auf die echten Prachtexemplare von Christen angewiesen wären, die es gewiß gibt – man braucht nur an einzelne Heilige zu denken, für ihre Zeit mitreißend und beispielgebend –, aber die eben doch sehr rar gesät sind.
Man müßte Christus „multiplizieren" können. Oder er

müßte wirklich „mitten unter uns“ sein, wie er es doch versprochen hat.
Jesus Christus wird nicht multipliziert. Jedenfalls nicht im Sinn einer quantitativen Vermehrung. So nicht. Aber sprechen wir wieder einmal von den Menschen, die eingeweiht sind in die Geheimnisse Gottes. Es sind die Gläubigen, die wenigen, die in die Kirche gehen, die wenigen, die an Kreuz und Auferstehung in der Messe glauben, an die Wandlung, an die Begegnung mit Jesus Christus. Nehmen wir doch einmal ganz ernst, was mit diesen wenigen geschieht. Sie treffen ja nicht nur Jesus Christus für eine Stunde in der Kirche, sie unterhalten sich ja nicht nur mit ihm, sondern sie werden eins mit ihm. Die Verbindung, die sie in der Taufe mit ihm eingegangen waren, wird erneuert und vertieft. So kommen sie aus dem Gottesdienst als Menschen, in denen Jesus lebt. Doch erinnern wir uns: Dieser Jesus lebt nach Art der Speise in ihnen. Die Speise geht im Menschen auf und in den Menschen ein. Der Mensch geht in Gott, in Jesus Christus ein und in ihm auf (Augustinus). Jesus Christus gibt sich als Speise und Trank, damit der ganze Mensch, also der Mensch mit Leib und Seele, ein „zweiter Christus“ wird. Wie die Schrift sagt: „Nicht mehr ich lebe, sondern Christus lebt in mir“ (Gal 2, 20a).
Welche Konsequenzen ergeben sich daraus? Es kann ja nicht nur „Eingeweihte“ geben. Wer in die Geheimnisse Gottes eingeweiht ist, erkennt durch den Glauben Jesus in der Gemeinde, im Wort, im Brot und Wein. Wer aber diese Mysterien nicht kennt, sollte der nicht demselben Jesus Christus begegnen können, und zwar dann, wenn er dem „Eingeweihten“ begegnet, der von Christus im wahrsten Sinn des Wortes erfüllt ist? „Erfüllt“ meint hier wortwörtlich: ein Mensch, in dem Christus lebt. Das muß sich nicht immer so auswirken, daß dieser Mensch ständig Freude und Begeisterung ausstrahlt. Doch müßte man ihm anmerken, daß er überzeugt ist;

„erfüllt" in dem Sinn, wie man von einem Menschen spricht, der „ganz erfüllt" ist von dem, was er sagt und wie er handelt. Der ein Mensch ist wie viele andere Menschen.
Der Mitmensch weiß nicht, woher dieses Anderssein des Christen kommt. Aber er erlebt es, und damit macht er die erste Erfahrung mit Christus. Christus im Christen wirkt auf den anderen nichtchristlichen Menschen ähnlich, wie Christus selbst auf seine Zeitgenossen gewirkt hat, als er noch Jesus von Nazaret war. „Alle, die ihn berührten, wurden geheilt" (Mt 14, 36). Vielleicht kann man diesen Satz aus dem Leben Jesu anwenden – natürlich in einem übertragenen Sinn – auf einen Christen, der sich immer wieder von Jesus erfüllen läßt durch die Begegnung mit den Mysterien. So würde auch für jene Menschen, die nie in die Kirche kommen, Menschwerdung Gottes sichtbar und wirksam. Wie anders könnten wir uns denn sonst vorstellen, daß sich Jesus Christus auf dieser Welt „durch-setzt". „Jetzt sollt *ihr* meine Zeugen sein." Es ist schon so. Nur wenige Menschen begegnen Jesus Christus in den Mysterien des Gottesdienstes. Aber viele Menschen können ihm begegnen in denen, die von seiner besonderen Gegenwart wissen, ohne daß sich Jesus Christus selbst zu multiplizieren braucht. Denn genau so bekannt wie das Schriftwort: „Wo zwei oder drei in meinem Namen versammelt sind, da bin ich mitten unter ihnen", ist das schon einmal erwähnte, das beim gleichen Evangelisten Matthäus steht: „Was ihr für einen meiner geringsten Brüder getan habt, das habt ihr mir getan" (Mt 25, 40).
Tatsächlich sind alle erfaßt von der Welle, die aus der Mitte kommt und bis ans Ufer schlägt. Viele wissen es nicht. Aber wer es weiß, der kann trotz aller Verzweiflung die Hoffnung behalten. Es geschieht nicht nur Böses in dieser Welt. Es gibt viel Gutes. Wer in irgendeiner Weise für den anderen da ist, ihm hilft, seine Not, seine

Leiden lindert, der steht – und wenn es die äußerste Welle all jener Kreise wäre – in Verbindung mit dem Mittelpunkt, mit dem menschgewordenen Gott, der die Erlösung dieser Welt durchsetzen will mit der Hilfe seiner Gläubigen. So gelangt Jesus Christus auch zu denen, die nicht „eingeweiht" sind. Auch diese gehören zu „allen", für die der Herr sein Blut vergossen hat.

Sicher bleibt es die Aufgabe der Eingeweihten, sich nicht nur zu beschränken auf diese Begegnung untereinander, sondern vielmehr ihre Mitmenschen zu dieser Mitte hinzuführen, ihnen klarzumachen, woher die Kreise und die Wellen kommen, ihnen überhaupt zu sagen, daß es eine Mitte gibt, ihnen die Frohe Botschaft mitzuteilen, daß auch sie erfahren: Mein Leben ist ein von Gott erfülltes Leben. In jedem Fall aber kann man sagen: Wenn ein gläubiger Christ seine Menschlichkeit zur Verfügung stellt, dann stellt er Gott jenes Instrument zur Verfügung, mit dem dieser Gott selbst seit der Menschwerdung Christi Kontakt aufgenommen hat mit den Menschen.

23. Der Geist erfüllt das All

Den Zustand vor der ersten Schöpfung beschreibt die Heilige Schrift so: „Gottes Geist schwebte über dem Wasser" (Gen 1, 2).

Nach der zweiten Schöpfung, nach Christi Tod und Auferstehung, werden alle mit dem Heiligen Geist erfüllt. Es ist die Beschreibung derjenigen, die Gott in seine Geheimnisse eingeweiht hat. Sie sind mit dem Heiligen Geist erfüllt. Was ist geschehen? Wer von uns fühlt sich wirklich erfüllt, wenn er den Gottesdienst verläßt? Es geht nicht darum, daß man es fühlt. Es gibt allerdings Gottesdienste, deren geistliche Atmosphäre spürbar ist. Man kann, wie schon gesagt, die Mysterien erleben. Man

kann das, was an ihnen verborgen ist, ahnen, wenn ihre Zeichenkraft, also das, was an ihnen geöffnet ist, besonders deutlich wird. Eine Gemeinde kann so beten und singen, daß man ihren Glauben, Versammlung des Herrn zu sein, gewissermaßen heraushören kann. Ein Lektor, der nicht nur abliest, sondern der im wahrsten Sinn des Wortes ergriffen, gepackt ist vom Wort Gottes, das er vorträgt; ein Kantor, der seine Stimme zur Verfügung stellt, um mit den Worten des Psalms die Gemeinde zur Meditation zu führen; ein Priester, der erfüllt ist von seinem Auftrag, das Werk der Erlösung hier neu aufleben zu lassen – das alles kann dazu führen, daß man „ganz erfüllt" ist, wenn man den Gottesdienst verläßt.
Aber auch dann – und das wird oft so sein –, wenn man den Gottesdienst ohne besondere Gemütsbewegung verläßt, sollte man wissen, daß der Auftrag des Herrn erfüllt ist. Darauf kommt es letztlich an. Weil ER den Willen des Vaters erfüllt hat, kann keiner, der am Gottesdienst teil-nimmt, leer ausgehen. Denn, wie wir schon sagten: Christus will im Menschen weiterleben. Dieser Christus will, daß die Menschen, die ihm begegnet sind und die ihn in sich tragen, die anderen anstecken, wie man eine Flamme weitergibt. Dieses Licht brennt, und wenn man es weitergibt, wird es nicht weniger. Wir kennen das von der Osternacht her, wenn alle Kerzen der Gläubigen an der Osterkerze entzündet werden. Dieser „Christus in uns", Christus im Menschen, besonders nach der Begegnung mit ihm bei der Feier der Mysterien, ist der Heilige Geist, der Geist des Herrn.
Im zweiten Korinther-Brief heißt es: „Der Herr aber ist der Geist, und wo der Geist des Herrn wirkt, da ist Freiheit" (2 Kor 3, 17). Der Geist des Herrn lebt in jedem gläubigen Menschen und will durch diesen Menschen die anderen Menschen entzünden. Der Geist des Herrn geht mit den Menschen eine Verbindung ein und bedient sich nun dieser Menschen, um mit der „Außenwelt" in

Berührung zu kommen. Das „Fromm-Sein", das „Religiös-Sein", das mit Christus Verbunden-Sein, spielt sich nicht nur im Inneren des Menschen ab. Auch in Jesus Christus hat Gott nicht gewohnt, so daß man sagen könnte: Gott war auf der Welt, weil er in Jesus Christus wohnte. Vielmehr hat Gott alles Menschliche dieses Jesus zum Instrument seines Wirkens ausersehen. Selbstverständlich war Jesus Christus der Mensch, in dem diese Verbindung Gott und Mensch in einzigartiger Weise vorhanden war. Nur von ihm konnte man wirklich sagen: „Wahrhaftig, das war Gottes Sohn!" (Mt 27, 54).

Aber im Prinzip soll diese Art der Begegnung Gottes mit der Welt durch die Menschen nach Tod und Auferstehung Christi weitergehen. Es sind die gläubigen Christen, die Glieder an seinem Leib, die nun den Heiligen Geist in sich tragen. Jeder gläubige Christ ist berufen und gerufen, sein Menschsein für den Geist zur Verfügung zu stellen. Bedingung dafür ist nicht seine besondere sittlich hochstehende Qualität, nicht seine Frömmigkeit und nicht seine Heiligkeit. Er ist vor allem deshalb berufen und gerufen, weil er an das Wunder glaubt, daß Christi Menschwerdung weitergeht in jenen Menschen, die vom Heiligen Geist erfüllt sind. Dieser Glaube, wenn er wirklich vorhanden ist, wird dann allerdings dazu führen, dem „Betroffenen" klarzumachen, immer mehr ein persönliches Leben zu führen, das dieser Verantwortung entspricht.

Man kann versuchen, bei diesen Überlegungen ein höchst modernes Wort zu verwenden. Man könnte sagen: Der gläubige Mensch, der in die Mysterien Gottes eingeweiht ist, der erfüllt ist vom Heiligen Geist durch die Begegnung im Gottesdienst, wird sozusagen „radioaktiv" aufgeladen. Mit radioaktiv wäre hier allerdings eine Strahlkraft gemeint, die nicht Tod, sondern Leben bringt, ewiges Leben, das der Auferstandene weitergibt durch seinen Zeugen. Doch – wie schon erwähnt – mit Automatik hat das nichts zu tun. Der Mensch ist keine Batterie, die aufgeladen wird und Strom abgibt. Vielmehr liegt es an der Aufnahmebereitschaft und Durchlässigkeit des einzelnen gläubigen Menschen, wie weit der Geist durch ihn einen anderen treffen kann. Durchlässigkeit kann bedeuten, daß der Mensch dem Geist keine Barrieren in den Weg stellt. Hier befinden wir uns – wie schon gesagt – auf dem Gebiet persönlichen Strebens und persönlicher Aszese. Der gläubige Christ wird nur dann ein brauchbares Instrument des Heiligen Geistes sein, wenn dieses Instrument „gestimmt" ist und deshalb stimmt. Von einem verstimmten Instrument kann man keine Harmonie erwarten.

„Durchlässigkeit" bedeutet aber auch, daß der Heilige Geist jeden Menschen nach seiner jeweils besonderen Eigenart gebraucht. Jeder gibt dann in seiner eigenen Art Christus an den anderen Menschen weiter. Vielleicht ist das manchmal nur ein gutes Wort, jenes rechte Wort zur rechten Zeit. Es ist kein „Wandlungswort" im Sinn des Mysteriums, aber wer möchte bestreiten, daß dieses Wort ein leiser Wellenschlag war, der ausgeht von jener Mitte, von der her Christus „um sich greift"?! Der Geist des Herrn erfüllt den Erdkreis. Für viele, ja für die meisten Menschen nicht unmittelbar durch die Mysterien des Gottesdienstes. Die Kirchen werden leerer. Wer kann den Stab brechen über diejenigen, die draußen bleiben? Jedenfalls muß ihnen die Chance bleiben, einem überzeugten Christen zu begegnen. Gottesdienst und Begegnung mit Christus im Gottesdienst, besonders in der Eucharistiefeier, ist die Durchgangsstation für jene Menschen, die Christus braucht, um seinen Geist weiterzutragen. So kommt das Reich Gottes in die Welt. Damit der im Menschen lebende Christus zur „Aus-Wirkung" kommt, muß sozusagen eine Übersetzung dieser im Gottesdienst empfangenen „Kernenergie" stattfinden. Das bedeutet: der Gottesdienst geht weiter im Leben vor allem dadurch, daß der Gläubige die Ursprache des Gottesdienstes, die nur wenige verstehen, übersetzt in eine Sprache, die jeder versteht. Die Ursprache heißt Glaube, die Übersetzung heißt Liebe und Güte. So strömt aus der Kernenergie des Heiligen Geistes, von der viele nichts wissen und die viele nicht kennen, die schlichte Menschlichkeit des gläubigen Menschen. Diese Menschlichkeit kann nicht in die Gefahr kommen, purer Humanismus zu sein, weil sie ihr Vorbild hat in der Menschwerdung Gottes, der sich selbst nicht gescheut hat, in menschlicher Weise dem Menschen zu begegnen.

24. So bleibt Gott Mensch

Man spricht von den sieben Gaben des Heiligen Geistes, man zählt sie auf im Zusammenhang mit Jes 11, 2, wo es heißt, daß der Geist auf dem Messias ruhen wird. Er trägt den Namen: „Weisheit, Verstand, Rat, Stärke, Erkenntnis, Furcht des Herrn, Frömmigkeit." In den Paulusbriefen erfahren wir dann die ganze Vielfalt der Geistesgaben. Jeder hat seine Geistesgabe erhalten, „damit sie anderen nützt" (vgl. 1 Kor 12, 7).
Diese Geistesgaben werden nicht beschrieben als außerordentliche Dinge, sondern sie kommen mitten aus dem Leben. So gibt es Geistesgaben, die eigentlich gar nichts anderes beschreiben als die Art und Weise, wie Menschen miteinander leben. Sie wurden ihm gegeben zum Dienen, Lehren, Trösten, Schenken, Vorstehen, Barmherzig-Sein, Fröhlich-Sein, Geduldig-Sein, Gastfreundlich-Sein (vgl. Röm 12, 4–16). Im Galater-Brief wird der Katalog fortgesetzt: „Die Frucht des Geistes aber ist Liebe, Freude, Friede, Langmut, Freundlichkeit, Güte, Treue, Sanftmut und Selbstbeherrschung" (Gal 5, 22–23a).

Man könnte fragen: Was ist das eigentlich Besonderes? Ist das nicht doch pure Mitmenschlichkeit? Nein, was uns hier verkündet wird, ist eine Botschaft, die wir Christen bisher noch viel zu wenig ausgeschöpft haben für unser Leben und vor allem für das Leben unserer Mitmenschen. Hier erfahren wir nämlich erneut, wie und auf welche Weise Christus weiterleben will. Hier wird es klar: Leben, Leiden, Sterben und Auferstehen Jesu, der Gottesdienst, die Mysterien, alles, was wir bisher besprochen haben, kehrt an seinen Ursprung zurück, zur Menschwerdung Gottes.

Man könnte auch so sagen: Gott, der Unnahbare, wußte keine bessere Chance, den Menschen aus seiner Einsamkeit und seiner tiefsten Sehnsucht zu befreien, als selbst Mensch zu werden und selbst Mensch zu bleiben. Das Werkzeug, seine göttliche Liebe, sein totales, ungekürztes Leben dem anderen mitzuteilen, war Jesus Christus als Mensch. Der Mensch sollte nun für alle Zeiten der Mittelsmann Gottes sein. Damit das aber nicht auf Jesus Christus, der in Israel als Mensch auftrat, begrenzt bliebe, hat dieser Christus als Gottes Sohn in seinem Tod alle Menschen und die ganze Welt mit hineingenommen in das ewige Leben. Damit hat er die Menschheit fähig gemacht, Gottes ewiges Leben weiterzuzeugen. Weil Gott weiß, daß die Menschen immer Menschen bleiben, soll alles, was die Menschen an guten Gaben besitzen, sozusagen „gefüllt" sein mit Gott, mit seinem Heiligen Geist, mit dem Geist des auferstandenen Christus.

Der Mensch hat viele gute und schlechte Eigenschaften. Jeder Mensch hat seine Vorzüge und Nachteile. Das bestreitet keiner, und jeder wird es für sich selbst zugeben. Gerade heutzutage appelliert man an die Menschlichkeit. Man kann es nicht begreifen, daß in unserer Zeit, in der die Entfernungen klein werden und die Hilfsmöglichkeiten größer, den Hungernden und Elenden keine entscheidende Hilfe zuteil werden kann. Es geschieht vieles, vielleicht sogar das Menschenmögliche. Es sieht dann manchmal so aus, als wolle man Gott dabei ausschalten, weil er uns dabei ja doch nicht helfen kann. „Hilf dir selbst, dann hilft dir Gott." Wer so handelt und so spricht, ahnt meist nicht, daß er damit eigentlich Gottes eigenes Konzept und Rezept verkündet. Denn genau auf diesem Weg über die guten Eigenschaften des Menschen will Gott selbst uns begegnen.

Wenn ein Mensch an das Pascha als Wandlung glaubt, wenn er glaubt, daß in diesem Pascha auch sein eigenes Leben tragfähig geworden ist für den Geist Christi, dann vermittelt dieser christliche Mensch mit seiner vom Geist Christi erfüllten Menschlichkeit dem Mitmenschen eine Begegnung mit Jesus Christus.

Der bekannte Gebetsschluß in der Liturgie: „Durch Christus, unseren Herrn" wird auch hier bestätigt. Das, was im Gottesdienst bei der Feier der Mysterien erfahrbar wird, Glied am Leib Christi zu sein, kann ja nicht seine Bedeutung und seine Wirkkraft verlieren mitten in der Welt. Auch jener irgendwer, der nichts von Gott und von Christus weiß, aber diesem gläubigen Christen begegnet, trifft in diesem Augenblick auf Gott. Auch seine Gottbegegnung ist eine Begegnung „durch Christus, unseren Herrn".

Natürlich entsteht hier die Frage, ob Gott überhaupt nicht mehr direkt in das Geschehen der Welt eingreift oder auch ob der Mensch in dieser Welt – auch der Gläubige – sich nicht mehr direkt an Gott den Vater wenden soll, etwa im Gebet.

Um die zweite Frage vorwegzunehmen: Sie ist durch den offiziellen kirchlichen Gottesdienst beantwortet. Das Gebet beginnt mit einer direkten Anrede an Gott den Vater, aber es schließt in der Überzeugung, daß wir das nur können durch Christus, unseren Herrn.

Die erste Frage, ob Gott nicht mehr direkt in das Geschehen der Welt eingreift, sondern dies dem Menschen bzw.

dem Christen überläßt, den er als Werkzeug gebraucht, können wir in der Gewißheit des christlichen Glaubens beantworten. Gott kümmert sich sehr wohl um die Welt. Er hat direkt in das Schicksal der Welt eingegriffen, genau dadurch, daß er Mensch wurde. Man darf sagen, daß die Menschwerdung Christi der direkte Eingriff Gottes in das Schicksal der Welt gewesen ist und bleibt. So hat Gott die Welt dem Menschen anvertraut. Das alte „Macht euch die Erde untertan" wird weitergeführt durch den Auftrag Jesu Christi: „Jetzt sollt *ihr* meine Zeugen sein."

Ein bekannter Theologe unserer Tage hat das Wort geprägt: „Gott tut all das nicht, was wir Menschen selbst tun können" (Kardinal Hermann Volk). Das schließt also nicht aus, daß Gott Dinge tut, die sich ganz dem Machtbereich des Menschen entziehen. „Wer kann Sünden vergeben außer dem einen Gott?" Aber in diesem göttlichen Machtbereich steht auch unantastbar die Menschwerdung Christi. Die Erfüllung dieser Menschwerdung ist das Kreuz mit der Auferstehung. Seitdem wirkt der Geist des Vaters und des Sohnes so im Menschen weiter, daß der Mensch auf diese Weise die Menschwerdung Gottes in dieser Welt aufrecht erhält.

„Damit wir nicht mehr uns selber leben, sondern ihm, der für uns gestorben und auferstanden ist, hat er von dir, Vater, als erste Gabe für alle, die glauben, den Heiligen Geist gesandt, der das Werk deines Sohnes auf Erden weiterführt und alle Heiligung vollendet" (IV. Hochgebet).

Auf dem Tiefpunkt und damit auf dem Höhepunkt seines Menschseins hat Gott alle an sich gezogen, um die Kraft seines eigenen Menschseins weiterzugeben an alle diejenigen, die mit ihm eins geworden sind. Jedes menschliche Tun steht in Verbindung zu diesem Stromkreis und bringt deswegen nicht eigentlich menschliches, sondern göttliches Wirken hervor. Um im Bild dieses Stromkreises zu bleiben: Gewiß werden die Widerstände gegen diesen Strom das Licht oft nur sehr dünn und schwach aufleuchten lassen. Doch solange der Kontakt besteht, geht Gottes Wirken auf dem Weg über den von Christus erfüllten Menschen hinein in die Welt. So bleibt Gott Mensch im Gottesdienst und im Dienst am Menschen.

Und was sagst du dazu?

Leser:
Weißt du – eigentlich müßte man sehr froh und glücklich sein, wenn man wirklich an das glaubt, was uns Gott mit Jesus Christus geschenkt hat, auch wenn das meiste davon noch verborgen ist und nur hie und da so etwas wie ein Strahl hervorbricht. Aber könnte eine solche Freude, beschenkt zu sein, nicht zu der Fehlhaltung führen, selbst nichts mehr zusätzlich zu tun? Man kann sozusagen „von den Zinsen leben".

Autor:
Ja, du hast recht, vielleicht ist dies sogar genau der andere Pendelschlag, der sich jetzt bemerkbar macht gegenüber früheren Zeiten. Vor Jahrzehnten war das christliche Leben noch ganz darauf eingestellt, als hinge es allein von mir und meinen Frömmigkeitsübungen ab, von Gott beschenkt zu werden. Man hat zwar immer gesagt, daß kein Mensch aus eigener Kraft selig werden kann, aber die eigene Kraft stand doch sehr häufig im Vordergrund.
Nun ist aber beides notwendig: das Wissen, beschenkt zu sein, und die Pflicht, sich zu bemühen. Diese beiden Dinge müssen wir nur in die richtige Reihenfolge bringen. So kann man auch sprechen vom Sein und vom Sollen. Das Sollen steht nicht an erster Stelle, also nicht: Ich soll mich anstrengen, damit ich von Christus geliebt

werde. Wir müssen umgekehrt sagen: Ich bin von Christus so geliebt, und deswegen mühe ich mich. So kommt das Sein vor dem Sollen. Wer also auf die Liebe, die ihm als Vorschuß geschenkt ist, nicht re-agiert, wer nicht erkennt, daß er in Dankbarkeit antworten muß, der kann natürlich nicht von den Zinsen leben. Für einen solchen Christen würde das Kapital, das ihm angeboten ist, nämlich von Christus geliebt zu sein, überhaupt keine Zinsen bringen können.

Leser:
Ich bin froh, daß du hiermit auf eine für meine Begriffe entscheidende Frage kommst. Ich will sie dir mit den Worten jenes jungen Mannes stellen, der in der Bibel Christus fragt: „Meister, was muß ich Gutes tun, um das ewige Leben zu gewinnen?" (Mt 19, 16).

Autor:
Darf ich darauf zunächst antworten mit einer – wie man so sagt – wahren Begebenheit aus dem Leben. Folgendes wurde mir berichtet: Ein junger Lehrer wurde von einem seiner Schüler gefragt: Wie kommt es eigentlich, Herr Lehrer, daß Sie immer so froh sind? Da hat der junge Erzieher den Jungen fröhlich angeschaut, auf sein eigenes Herz gezeigt und geantwortet: Weil es da drin stimmt.
Ist das nicht eine wunderbare Antwort? Weil es da drinnen stimmt. Vielleicht war diese Antwort eine ungewollte Variante des Problems: „Zwei Seelen wohnen, ach, in meiner Brust", wobei das „Ach" in diesem Fall kaum geschmerzt hat.

Leser:
Ja, diese Antwort bringt mich auf die Idee, daß es wohl letztlich darum geht, daß mein Sollen mit dem Sein übereinstimmt; daß ich wenigstens versuche – einzustimmen.

Autor:
Ja, das ist eine gute Formulierung. Ob ich ein Konzert besuche oder einen Gottesdienst, immer gehe ich auf etwas zu, was bereits da ist, was mich erwartet. Ich selbst bin noch ganz woanders. Also muß ich mich darauf einstellen, ich muß mich einstimmen.

Leser:
Wie soll ich aber dieses Einstimmen in Verbindung bringen mit der Antwort, die Jesus auf die Frage jenes jungen Mannes gegeben hat: Meister, was muß ich Gutes tun, um das ewige Leben zu gewinnen? Über die Antwort, die Jesus darauf gab, haben wir uns noch nicht unterhalten.

Autor:
Ja, diese Frage steht mehrmals im Neuen Testament. Immer wird sie beantwortet mit der Aufforderung, die Gebote zu halten, ja, sie wird vervollständigt mit der Bedingung, auf Reichtum zu verzichten und das Geld den Armen zu geben. Einmal, bei Lukas, wird das Halten der Gebote besonders vertieft durch die Beschreibung der Gottes- und Nächstenliebe, illustriert an jenem Mann, der auf dem Weg von Jerusalem nach Jericho den Räubern in die Hände gefallen war.

Leser:
Und wie sieht das nun in unserem persönlichen Leben aus?

Autor:
Ich denke, es ist überflüssig zu unterstreichen, daß man die Gebote halten soll. Das hat Jesus in seiner Antwort eigentlich auch immer vorausgesetzt. Aber er geht dann ein großes Stück weiter – so weit, daß man sich fragt, ob dies wirklich für jeden Christen durchführbar ist.

Leser:
Ich muß ehrlich sagen, daß ich oft das unangenehme Gefühl habe, man würde solche klaren und präzisen Forderungen Jesu abschwächen. Das ist doch sehr konkret: sein Eigentum verkaufen und das Geld den Armen geben; einem Hilfsbedürftigen, der unter die Räuber gefallen ist, beizustehen.

Autor:
Tatsächlich, das ist unüberhörbar. Und eigentlich sind diese beiden Forderungen doch eine und dieselbe: von sich loszukommen und für den anderen dazusein.

Leser:
Ja, jetzt hast du das aber wieder fein ausgelegt. Mit einem solchen allgemeinen Spruch kommt man – meine ich – doch immer gut durch.

Autor:
Du hast recht. Man kann sich, wenn man will, durchmogeln. Die Frage ist dann nur, ob das ein Weg ist „zum ewigen Leben". Der Fragesteller in unserem Evangelium wollte ja das ewige Leben gewinnen.

Leser:
Ja, was ist denn damit in diesem Fall eigentlich gemeint? Ist dies nun das ewige Leben, das uns – wie wir so oft gesagt haben – durch Kreuz und Auferstehung jetzt schon geschenkt ist, oder ist es das endgültige Leben bei Gott?

Autor:
Wir dürfen nicht vergessen, daß der Fragesteller rein historisch gesehen vor Jesu Tod und Auferstehung lebt. Andererseits spielt die nachösterliche Situation gewiß hinein, wenn man an das Leben der urchristlichen Ge-

meinden denkt. Mit ewigem Leben ist hier das Reich Gottes gemeint, so wie es verborgen auf dieser Welt ist und offenbar wird bei der Vollendung der Zeiten. Wir haben Verborgenheit und endgültige Vollendung in unseren Überlegungen noch voneinander getrennt. Es geht Jesus offensichtlich in seiner Antwort darum, sich selbst als Vorbild hinzustellen. Er selbst ist es, der alles hingab, um dem Menschen, der unter die Räuber gefallen war, wieder aufzuhelfen. Und das ist der Auftrag an uns alle. Wie das im einzelnen aussieht, muß jeder mit großer Wachsamkeit in seinem eigenen Leben herausfinden.

Leser:
Ich kann mir eigentlich auch nicht denken, daß Jesus von jedem Christen geradezu heroische Taten verlangt.

Autor:
Gewiß nicht. Trotzdem darf man doch sagen: Von jedem erwartet er, daß er „sein Leben für den anderen hingibt". Das kann ja in jenen täglichen ehrlichen Versuchen bestehen, sein Leben, dieses tägliche Leben, also das Leben stückweise hinzugeben. Das kann darin bestehen, daß ich zwar nicht jeden Tag Gelegenheit habe, einem Menschen zu helfen, der unter die Räuber gefallen ist, aber doch jeden Tag die Möglichkeit sehe, einem anderen etwas Gutes zu tun.

Leser:
Also doch ein Rückfall in nur menschliches Gutsein, das wohl viele Menschen auch versuchen, ohne daß sie Christus kennen.

Autor:
Seien wir doch einmal ehrlich! Was können wir denn eigentlich mehr leisten, als diese kleinen Mosaiksteinchen von Gutsein zusammenzusetzen? Ich gebe zu, daß dies

rein äußerlich – von der Optik her – reine Menschlichkeit ist, die sich nicht unterscheidet von der Menschlichkeit des Nichtglaubenden. Aber tatsächlich wird von uns, den Glaubenden, ich sage wieder das Stichwort: den Eingeweihten, viel mehr verlangt.
Denn der Christ, der um den Gehalt seines Auftrags weiß, hat die Aufgabe, diesen wertvollen Inhalt den Mitmenschen dadurch zu erhalten, daß er seinen Glauben an Christus lebendig erhält.

Leser:
Könnte man dann sagen, es kommt gar nicht so sehr darauf an, daß uns der andere als Christ erkennt, sozusagen: „Und wie's da drinnen aussieht, geht niemand was an"?

Autor:
Ja und nein. Es gibt bestimmte Situationen im Leben, wo wir auch vor dem Mitmenschen uns „typisch christlich" oder „typisch katholisch" verhalten müssen. Typisch hier im Sinne von ausdrücklich. Oft werden wir gefordert im Gespräch, in der Reaktion auf gesellschaftliche oder politische oder auch kirchliche Vorgänge, die wir als Christ beurteilen müssen. Manchmal ist es auch gut, wenn ein anderer uns beten sieht. Nur dürfte das nicht so sein, wie das die Pharisäer gemacht haben: „Alles, was sie tun, tun sie nur, damit die Menschen es sehen" (Mt 23, 5a).
Ich meine, daß der größte Teil unseres Christseins nach außen sich in der oben beschriebenen Menschlichkeit auswirkt. Aber du hast recht: Damit die christliche Menschlichkeit dazu beiträgt, daß Gottes Reich auf dieser Welt ist, ist es wesentlich, wie es da drinnen aussieht.

Leser:
So hat also der Junglehrer recht, wenn er seinen Frohsinn erklärt, weil's da drinnen stimmt.

Autor:
Ja, und dieses Drinnen, das ist der ständige Kontakt, ich möchte sagen: mit der Zentrale, mit Gott, mit Jesus Christus im Heiligen Geist. Denn es wäre ausgesprochen gefährlich für den Christen, wenn er sein Leben verflachen ließe und sein menschliches Tun sozusagen entleeren würde im vermessenen Vertrauen oder auch im verzweifelten Versuchen, daß christliches Leben nichts anderes ist als normales menschliches Leben, das sich moralisch an dem vorbildlichen Leben der Person Jesu zu orientieren hat.

Leser:
Ja, das scheint mir auch die Gefahr bei unserer Jugend zu sein. Sie sehen zwar in Christus ein Vorbild, was ja bestimmt nicht falsch ist, aber, ich sag's mal mit meinen Worten: Sie beten nicht viel, sie gehen nicht zu den Sakramenten, jedenfalls nicht so, wie wir es gelernt haben.

Autor:
Genau das meine ich, wenn ich spreche von der Verbindung mit jenem Mittelpunkt, der seine Kreise zieht. Du denkst ja noch an unser Bild mit dem Stein im Wasser. Diese Verbindung zum Mittelpunkt muß erneuert werden, weil sich genau wie bei unserem Bild die Kreise sonst verlieren. Wir brauchen also die Kraft der Mitte. Und die erhalten wir direkt von Gott durch Christus im Heiligen Geist. Wir gewinnen diese Kraft im persönlichen Gebet, das jeder Christ pflegen muß, weil Gott ihn so liebt, wie er ihn geschaffen hat. Diese Kraft gewinnen wir aber noch intensiver, das dürfen wir jetzt wohl be-

haupten, wenn wir in Berührung kommen mit Jesus Christus im Heiligen Geist, d. h. mit den Mysterien in der Gemeinschaft der Gläubigen im Gottesdienst.

Leser:
Jetzt erkenne ich eigentlich erst richtig, wie Gottesdienst und Dienst am Menschen zusammengehören. Du hast recht: Äußerlich wird in den meisten Fällen kein Unterschied zu sehen sein, wenn die Menschen einander gut sind, wenn sie das tägliche Einerlei tun, bei dem sie aufeinander angewiesen sind. Wenn ich aber versuche, im Glauben und in der Verbindung mit Christus das alles zu bewältigen, dann kann ich eigentlich am Abend nach einem Tag ohne besondere Vorkommnisse sicher sein, allen, denen ich begegnet bin, Christus gewissermaßen mitgebracht zu haben.

Autor:
Ja, das ist – meine ich – ein wirklicher Schlüssel zu einem erfüllten christlichen Leben. Nur darf dabei nicht einseitig die Meinung vorherrschen: Ich will dabei glücklich werden, sondern besser: Ich will glücklich machen. Mir ist die Aufgabe gestellt, mit wachen Sinnen zu meinen Mitmenschen zu gehen und die Gelegenheit zu erspüren, wenn sie selbst offen sind dafür, zu erfahren, was diese Frohe Botschaft bedeutet.

Schlußwort: „Wenn ihr alles getan habt..."

Unser christliches Leben ist eingespannt zwischen zwei Pole. Der Christ lebt gleichzeitig im „schon" und im „noch nicht". Das beginnt bereits mit der Taufe. Wir sind in der Taufe schon mit Christus gestorben und auferstanden; wir sind in der Eucharistiefeier schon mit Christus vereinigt. Und doch sind wir noch nicht „im Himmel", noch nicht endgültig bei Gott, vielmehr noch gleichzeitig auf dem Weg.
So ist es auch im täglichen Leben. Gott bleibt Mensch in der Welt durch den glaubenden Christen. Aber auch hier entsteht für jeden von uns die Spannung, daß der Geist Gottes, das Pneuma, sich ständig begnügen muß und es faktisch auch tut, mit einem eigentlich unzureichenden Instrument. Dieses Instrument ist des Menschen Menschlichkeit. Der glaubende Mensch weiß um seine Unzulänglichkeit, er weiß aber auch, daß der Geist auf dieses immer unzulängliche Instrument angewiesen ist, ja man kann sagen: angewiesen sein will. Deshalb wird der Glaubende und um diese Spannung Wissende immer beglückt und bedrängt sein zugleich. Beglückt, weil er weiß, daß all sein Tun geistgewirkt ist, wenn er es im Glauben tut; bedrängt, weil er dann eigentlich nie genug tun kann, an der Vervollkommnung des Instrumentes zu arbeiten. „So nimmt sich auch der Geist unserer Schwachheit an. Denn wir wissen nicht, worum wir in rechter Weise beten sollen; der Geist selbst tritt jedoch für uns ein mit Seufzen, das wir nicht in Worte fassen können" (Röm 8, 26). Genauso ist auch das andere Schriftwort zwar ernst, aber nicht furchterregend: „Diesen Schatz tragen wir in zerbrechlichen Gefäßen; so wird

deutlich, daß das Übermaß der Kraft von Gott und nicht von uns kommt" (2 Kor 4, 7).

Das ist vor allem eine beglückende Versicherung; denn die bedrückende Gewißheit, nichts Angemessenes für den göttlichen Inhalt zur Verfügung stellen zu können, sondern nur unser menschliches Gefäß, wird gleichzeitig zur beglückenden Gewißheit, daß der Inhalt bei aller notwendigen Anstrengung, die Form so gut wie möglich bereitzustellen, immer das Übermaß der Kraft Gottes ist.

So sagt es auch der Herr selbst: „Wenn ihr alles getan habt, was euch befohlen wurde, sollt ihr sagen: Wir sind unnütze Sklaven; wir haben nur unsere Schuldigkeit getan" (Lk 17, 10).